Kochen ist hipp!

Véronique Witzigmann, geb. 1970 in Washington, ist erfolgreiche Unternehmerin und Kochbuchautorin. Die Liebe zum Kochen hat sie geerbt. Über die 2005 von ihr gegründete Feinkostmarke *Véronique Witzigmann* vertreibt sie hochwertige Marmeladen, Chutneys und Pesto aus eigener Produktion. Für ihr Buch *Meine Marmeladen, Chutneys & Co.* erhielt sie 2007 die Silbermedaille der Gastronomischen Akademie Deutschland (GAD). Sie lebt mit ihrer Tochter in München.

www.veronique-witzigmann.de

© 2011 Verlagshaus Jacoby & Stuart, Berlin
Alle Rechte vorbehalten
Gestaltung und Satz: Ariane Bille
www.ariane-bille.de
Gesetzt aus der Avenir und Clarendon
Printed in Italy
ISBN 978-3-941787-34-6
www.jacobystuart.de

Véronique Witzigmann

Kochen ist hipp!

70 raffinierte Rezepte

Foodfotografie Ariane Bille
Porträtfotografie Helmut Henkensiefken

Verlagshaus
Jacoby & Stuart

Inhaltsverzeichnis

Véronique Witzigmann und Claus Hipp an einem Tisch

Véronique Witzigmann: Ich glaube, die Leute fragen sich, wie wir beide auf die Idee gekommen sind, ein Kochbuch herauszubringen! Schließlich ist deine Gläschenkost bereits fix und fertig und zum Genießen bereit!

Claus Hipp: Natürlich ist sie das. Aber das hindert uns ja nicht daran, kreativ damit umzugehen! Wie sagte der französische Gastrosoph Brillat-Savarin es so schön: »Die Entdeckung eines neuen Gerichtes macht die Menschheit glücklicher als die Entdeckung eines neuen Sterns.«

Véronique Witzigmann: Wie wahr! Es ist ja wirklich erstaunlich, wie viele junge Frauen und auch ältere ernährungsbewusste Menschen deine Babygerichte schmackhaft finden und selbst essen. Ich kann das auch in meinem Bekanntenkreis beobachten: Die jungen Mütter freuen sich, wenn ihr Kind ihnen etwas übrig lässt. Da werden die Restchen mal schnell mit etwas Butter und ein paar Gewürzen verfeinert und dann von den Frauen selbst gegessen.

Claus Hipp: Für unsere Kleinsten bemühen wir uns ja, das Beste und Gesündeste zu kochen. Warum sollte das nicht auch für die Erwachsenen gut sein? Gleichzeitig finde ich die Idee sehr reizvoll, dass du mit unserer Gläschenkost etwas Raffiniertes anstellst, was den erwachsenen Gaumen kitzelt.

Véronique Witzigmann: So etwas ist für mich völlig neu und deshalb auch so interessant! Bestechend war für mich von Anfang an, dass ihr nur biologisch einwandfreie und geschmackvolle Lebensmittel verwendet, die sehr vitaminschonend zubereitet werden. HiPP ist heute der weltweit größte Verarbeiter von organisch-biologischen Lebensmitteln. So viele Kinderzungen können nicht irren! Wer wurde denn in deiner Familie als erstes mit Gläschenkost großgezogen?

Claus Hipp: Als Kinder bekamen wir alle den Zwiebackbrei, der nach dem bewährten Rezept meines Großvaters hergestellt wurde. Nur meine jüngste Schwester Maria kam schon in den Genuss von Babykost in Gläsern. Sie war zwei Jahre alt, als mein Vater begann, die Gläschen auf den Markt zu bringen. Maria ist sogar auf unseren ersten Etiketten zu sehen, und ich war es, der sie dafür fotografieren durfte.

Véronique Witzigmann: Deine Schwester Anna hat ja schon vor geraumer Zeit begonnen, leckere Rezepte für die Gläschenkost zu entwickeln, einige davon finden sich auch ab Seite 152 in diesem Buch.

Claus Hipp: Ja, das stimmt, aber bislang haben wir diese Art zu kochen nur innerhalb der Familie praktiziert. Wir wissen, dass man mit unseren Gläschen als Grundprodukt die erstaunlichsten Gerichte für Erwachsene zaubern kann, ohne dabei viel Aufwand betreiben zu müssen. Selbst bei Überraschungsbesuchen kann man gelassen bleiben und mit Gläschen aus dem Vorrat in kurzer Zeit ein raffiniertes Essen zaubern, das wiederum den Besucher verblüfft! Und die Rezepte, die du entwickelt hast, geben mir Recht. Sie sind einfach ein Genuss! Meine Favoriten sind der saftige Karotten-Nuss-Kuchen und das herzhafte Sauerkraut nach Szegediner Art.

Véronique Witzigmann: Je länger ich mit den Produkten gearbeitet habe, desto mehr Spaß hat es mir gemacht. Ich finde, diese Kombination fertig produzierter Grundprodukte von hoher Qualität mit frischen Zutaten, individuell aufgepeppt, passt einfach gut in die heutige Zeit. Sie verbinden konservative Werte mit modernen Ansprüchen. Die Gläschen bieten so viele Einsatzmöglichkeiten! Aus ihnen zaubert man ganz unkompliziert sowohl schnelle und köstliche Singlemahlzeiten als auch festliche Menüs für Gäste. Und: Selbst Allergiker brauchen sich keine Sorgen machen! Hier gibt´s keine Zusatzstoffe. Ein schönes Gefühl!

Wir wünschen Ihnen viel Spaß beim Nachkochen!

Herzlichst

Véronique Witzigmann & Claus Hipp

SUPPEN

Karotten-Pfifferling-Suppe

Ergibt 2 Portionen

100 g Pfifferlinge
2 EL Pflanzenöl
½ kleine Zwiebel (etwa 30 g), fein gewürfelt
1 kleine Knoblauchzehe, fein gewürfelt
15 g geputzte Petersilienwurzel,
fein gewürfelt
25 ml Weißwein
300 ml Geflügelbrühe
1 Glas HiPP Früh-Karotten mit Kartoffeln
(4. Monat/190 g)
1 Scheibe dunkles Bauernbrot (etwa 1 cm
dick), nicht zu fein gewürfelt
1 EL gehackte Petersilie
2 EL Crème légère
Salz, weißer Pfeffer
1 Prise Muskat

- Die Pfifferlinge verlesen, mit einem Pinsel säubern und beiseitestellen
- Das Öl in einem Topf erhitzen und Zwiebeln, Knoblauch, Pfifferlinge und Petersilienwurzel etwa 3 Min. anbraten. Die Zwiebeln sollten hellbraun sein und die ausgetretene Flüssigkeit der Pilze fast verdampft. 2 EL der Mischung beiseitestellen für die Garnitur
- Die Gemüsemischung mit dem Weißwein ablöschen und aufkochen lassen, die Geflügelbrühe angießen und etwa 5 Min. köcheln lassen
- Das Karottenmus unterrühren und weitere 5 Min. köcheln lassen
- Zwischenzeitlich die Brotwürfel in einer kleinen beschichteten Pfanne in etwas Butter knusprig braten, die restlichen angebratenen Pfifferlinge sowie die gehackte Petersilie dazugeben und mit Salz und Pfeffer abschmecken
- Den Topf vom Herd nehmen, und die Gemüsesuppe mit dem Pürierstab pürieren
- Die Crème légère hinzufügen und mit Salz, Pfeffer und Muskat abschmecken
- Suppe in die Teller geben und mit der Brotwürfelmischung garnieren

Früh-Karotten mit Kartoffeln

Sehr lecker schmeckt es auch, wenn Sie kross gebratene Speckwürfelchen oder Schnittlauch statt Petersilie auf die Suppe streuen.

Wem der Roquefort zu streng schmeckt, kann ihn gerne durch Gorgonzola ersetzen. Dieser sollte allerdings nicht zu cremig sein.

Willams-Christ-Birnen-Suppe

Ergibt 4 Portionen

200 g mehlige Kartoffeln, gewürfelt
1 Schalotte, fein gewürfelt
2 EL Weißwein
500 ml Geflügel- oder Gemüsebrühe
4 Wacholderbeeren
1 Stück Ingwer (etwa 3 cm)
2 Gläschen HiPP Williams-Christ-Birnen
(4. Monat/190 g)
je 2 Msp. Muskat, Thymian, Majoran
2 Spritzer Zitronensaft
Salz, weißer Pfeffer
2 große Bauernbrotscheiben
8 EL Öl
150 g Roquefort

- Die Kartoffel- und Schalottenwürfel in Öl anbraten, bis sie eine leichte Färbung angenommen haben
- Mit dem Weißwein ablöschen, die Brühe angießen und die angedrückten Wacholderbeeren sowie den Ingwer dazugeben
- 5–8 Min. köcheln lassen, bis die Kartoffeln weich sind
- Den Ingwer und die Wacholderbeeren entfernen, die Suppe pürieren
- Das Birnenpüree sorgfältig unter die Suppe rühren und mit den Gewürzen pikant abschmecken
- Mit Ausstechförmchen aus den Brotscheiben Figuren ausstechen
- Das Öl in einer Pfanne erhitzen und die Brotstücke von beiden Seiten knusprig anbraten. Mit Küchenpapier kurz abtupfen und mit dem Roquefort bestreichen
- Die Suppe in tiefen Tellern anrichten, die Roquefortbrotstücke auf die Suppe setzen und sofort servieren

Williams-Christ-Birnen

Tomatencremesuppe
mit Gambas

Ergibt 1 Portion

½ rote Paprika
6 kleine Gambas
1 walnussgroßes Butterstück
1 kleine Knoblauchzehe, gerieben
4–5 Spritzer Worcestersauce
1 EL Cognac
1 Glas HiPP Tomaten-Cremesuppe
(8. Monat/200 g)
150 ml Gemüse- oder Fischbrühe
1 Prise Cayennepfeffer
1 Prise mildes Currypulver
1–2 EL Sahne nach Belieben
Dillstengel zum Garnieren

- Die Paprika waschen, mit einem Spar-schäler gut schälen und fein würfeln
- Die Gambas schälen, am Rücken ein-schneiden und den Darm entfernen
- In einer Pfanne die Butter schmelzen, Paprika und Knoblauch glasig anbraten, die Gambas dazugeben und in etwa 3 Min. durchbraten, mit Worcestersauce und Cognac ablöschen, beiseitestellen
- Tomaten-Cremesuppe und Brühe in einen Topf geben, verrühren und aufkochen lassen, mit Cayennepfeffer und Currypul-ver abschmecken. Die Gambasmischung in die heiße Suppe geben und kurz ziehen lassen
- Nach Belieben Sahne unterrühren und mit Dillstengeln garniert servieren

Tomaten-Cremesuppe

Kartoffel-Lauch- Suppe

Ergibt 4 Portionen

1 kleine Stange Lauch, geputzt etwa 100 g
1 walnussgroßes Butterstück
1 EL Olivenöl
2 Gläschen HiPP Kartoffelgemüse
mit Bio-Hühnchen (12. Monat/250 g)
etwa 500 ml Hühner- oder Gemüsebrühe
1 TL Weißweinessig
Salz, Pfeffer
4 dünne Scheiben Putenbrust, gewürfelt
1 EL saure Sahne

- Die Lauchstange putzen, waschen und in dünne Ringe schneiden
- In einem Topf Butter sowie Olivenöl erhitzen und die Lauchringe darin anbraten
- Das Kartoffelgemüse dazugeben, die Brühe nach und nach angießen, dann etwa 2 Min. köcheln lassen
- Mit Essig, Salz und Pfeffer abschmecken
- Die Putenbrustwürfel dazugeben und etwa 5 Min. ziehen lassen
- Zum Schluss die saure Sahne unterrühren

Kartoffelgemüse mit Bio-Hühnchen

Statt der Putenbrustscheiben schmecken auch Wiener Würstchen, gebratene Speckwürfel oder gebratene Champignons.

Sie können die saure Sahne auch durch Kokosmilch ersetzen, die muss allerdings etwa 5 Minuten mitgekocht werden.

Kürbissuppe mit Süßkartoffel

Ergibt 4 Portionen

2 EL Öl
370 g Süßkartoffel, geschält
und gewürfelt 2x2 cm
1 kleine Knoblauchzehe, gerieben
1 Stück Ingwer (etwa 1 cm)
½ TL mildes Currypulver
500 ml Gemüse- oder Geflügelbrühe
Salz
1 Lorbeerblatt
2 Wacholderbeeren
1 Prise Cayennepfeffer
6 cm Zitronengrasstengel, halbiert
1 Glas HiPP Kürbis mit Kartoffeln
und Bio-Rind (4. Monat/190 g)
saure Sahne und Koriandergrün,
nach Belieben

Kürbis mit Kartoffeln und Bio-Rind

- Das Öl in einem Topf erhitzen und die Süßkartoffelwürfel mit dem Knoblauch und Ingwer etwa 3–4 Min. anbraten. Die Kartoffelwürfel dürfen eine leichte Bräune annehmen. Dann mit dem Currypulver bestäuben und kurz weiter braten
- Mit 400 ml Gemüsebrühe ablöschen und sämtliche Gewürze hinzufügen
- Die Süßkartoffelwürfel in 5–8 Min. weich garen, nun das Kürbispüree unterrühren und etwa 2 Min. kochen lassen. Eventuell noch etwas Brühe dazugeben
- Das Ingwer- und Zitronengrasstück sowie das Lorbeerblatt und die Wacholderbeeren entfernen und die Suppe pürieren
- Nochmals mit Salz und Cayennepfeffer abschmecken
- Die Suppe in tiefen Tellern anrichten und nach Belieben mit 1 TL saurer Sahne und Koriandergrün dekorieren

Safran- Mais-Suppe

Ergibt 2 Portionen

200 ml Geflügelbrühe
1 Glas HiPP Mais mit Kartoffelpüree
und Bio-Pute (4. Monat/190 g)
5–6 Fäden Safran
2 EL Weißwein
1 Eigelb
2 EL Sahne
Salz
1 Msp. Cayennepfeffer
2–3 Spritzer Zitronensaft
100 g geräucherte Lachsforelle
oder gebratene Lachsstücke
Petersilienblätter zum Garnieren

- Die Brühe in einem Topf aufkochen, und das Mais-Kartoffel-Püree mit einem Schneebesen einrühren
- Die Safranfäden und den Weißwein dazugeben, 2–3 Min. köcheln lassen
- In der Zwischenzeit das Eigelb und die Sahne in einer kleinen Schüssel verrühren.
- Den Topf vom Herd nehmen, die Suppe darf nicht mehr köcheln, und die Eimasse mit einem Schneebesen einrühren, kurz ziehen lassen und mit Salz, Cayennepfeffer und Zitronensaft abschmecken
- Die Suppe in tiefe Teller geben, die zimmerwarmen Fischstückchen daraufsetzen und mit Petersilienblättern bestreuen

Mais mit Kartoffelpüree und Bio-Pute

Kichererbsen-Suppe

Ergibt 4 Portionen

2 EL Öl
1 Schalotte, fein gewürfelt
1 Knoblauchzehe, fein gewürfelt
250 g Kichererbsen aus dem Glas
(bereits abgetropft)
2 Lorbeerblätter
2–3 Msp. Kreuzkümmel
500 ml Geflügelbrühe
2 Gläschen HiPP Reine Früh-Karotten
(4. Monat/125 g)
2 EL Kokosraspel
4 EL Sahne
2 Prisen Curcuma
2 Prisen Zimt
3 EL Zitronensaft
Salz, Pfeffer
3 Scheiben Baguette oder anderes Weißbrot
1 Knoblauchzehe, halbiert
Koriandergrün zum Garnieren

Reine Früh-Karotten

- In einem Topf das Öl erhitzen und Schalotten, Knoblauch, Kichererbsen mit den Lorbeerblättern und dem Kreuzkümmel etwa 5 Min. anbraten, dann mit der Geflügelbrühe ablöschen, das Karottenpüree unterrühren und 2 Min. köcheln lassen.
- Die Lorbeerblätter entfernen
- Mit einem Pürierstab pürieren und nochmals 2–3 Min. bei schwacher Hitze köcheln lassen
- Die Kokosraspeln und die Sahne unterrühren und mit den restlichen Gewürzen pikant abschmecken
- Die Brotscheiben toasten und mit der halbierten Knoblauchzehe kräftig einreiben
- Die Suppe in tiefe Teller geben und mit dem Koriandergrün garnieren. Dazu das geröstete Brot reichen

Sehr würzig schmeckt es, wenn Sie gebratene Chorizoscheiben oder andere Paprikawurst über die Suppe streuen. Passt besonders gut im Winter.

VOR- UND HAUPTSPEISEN

Karotten-Salat mit Pfirsich-Dressing

Ergibt 4 Portionen als Vor- oder 2 als Hauptspeise

4 große Karotten
10 TL HiPP Pfirsich mit Apfel
(4. Monat/190 g)
¾ TL Dijon Senf
1 EL Weißweinessig
¼ TL Zucker
2 Prisen mildes Currypulver
1 Prise Cayennepfeffer
Salz, weißer Pfeffer
1 Msp. fein geriebene Bio-Zitronenschale
1 EL Öl (neutrales oder Mandelöl)

- Die Karotten fein raspeln
- In einer Schüssel mit einem Schneebesen alle restlichen Zutaten verrühren. Zum Schluss das Öl dazugeben und kräftig abschmecken
- Das Dressing mit den geriebenen Karotten vermengen

Pfirsich mit Apfel

Sehr lecker schmeckt der Salat auch mit Kresse oder winterlich mit einer Prise frischem Koriander oder Zimt.

Dieses Dressing eignet sich auch sehr gut als Dip zu Rohkost oder einfach mit frischem Baguette.

Feldsalat mit Apfel-Dressing

Ergibt 4 Portionen als Vor- oder 2 als Hauptspeise

4–6 EL geröstete Pistazienkerne,
grob gehackt
350 g Feldsalat
6 EL HiPP Bio-Apfel (4. Monat/125 g)
1 EL mittelscharfer Senf
1–2 TL Ahornsirup oder Honig
4 EL Apfel- oder Weißweinessig
8 EL Traubenkernöl oder Walnussöl
Salz, Pfeffer
1 Apfel (z.B. Topaz), gewaschen,
in feinen Spalten

Bio-Apfel

- Pistazienkerne in einer beschichteten Pfanne leicht anrösten, bis sie duften. Sofort aus der Pfanne schütten
- Den Feldsalat waschen und trockenschleudern
- Das Apfelpüree mit dem Senf, dem Ahornsirup und dem Essig mit einem Schneebesen gut verrühren, erst dann das Öl unterrühren und zum Schluss mit Salz und Pfeffer abschmecken
- Den Feldsalat, die Apfelspalten und das Dressing in eine Schüssel geben und gut vermischen

Chicorée-Schiffchen mit Pastinaken-Creme

Ergibt 2 Portionen als Vorspeise

1 Chicorée
1 Glas HiPP Reine Pastinaken
(4. Monat/125 g)
1–2 TL Crème fraîche
20–30 g frisch geriebener Meerrettich
Salz, Pfeffer
Rosinen, nach Belieben

- Den Chicorée putzen und vier schöne Blätter aussuchen, die als »Schiffchen« gefüllt werden
- Alle weiteren Zutaten in einer Schüssel miteinander verrühren, mit Salz und Pfeffer abschmecken und die Blätter füllen
- Wer möchte kann noch einige Rosinen über die Pastinaken-Creme streuen

Reine Pastinaken

Die Pastinaken-Creme eignet sich auch hervorragend als Dip für Fingerfood jeder Art.

Spinatnudeln mit Roquefort-Sauce

**Ergibt 2 Portionen
als Vorspeise**

150 g Spinatnudeln
1 EL Öl
1 kleine Schalotte, fein gewürfelt
2–3 EL Weißwein
1 Glas HiPP Bio-Putenfleisch püriert
(4. Monat/125 g)
60 g Roquefort
½ TL mittelscharfer Senf
1–2 Spritzer Zitronensaft
Salz, weißer Pfeffer

- Die Nudeln nach Packungsanleitung zubereiten
- Gleichzeitig die Schalottenwürfel mit dem Öl in einer Pfanne mit hohem Rand glasig anbraten, dann mit dem Wein ablöschen und die Hitze reduzieren
- Das Putenpüree und den zerbröckelten Roquefort dazugeben und unter ständigem Rühren alles dickflüssig zerlaufen lassen
- Mit Senf, Zitronensaft, Salz und weißem Pfeffer abschmecken
- Die Nudeln abgießen, direkt in die Pfanne geben, sorgfältig mit der Sauce vermischen und sofort servieren

Bio-Putenfleisch

38

Ganz fein gehobelte rohe Champignons oder frisch gehackte Walnüsse über das Gericht streuen – sieht nicht nur gut aus, sondern schmeckt auch gut!

Pastinaken-Auflauf

Für 2 Souffleeförmchen von 10 cm

1 kleine Knoblauchzehe, geschält
Butter für die Form
1 Glas HiPP Pastinaken mit Kartoffeln
(4. Monat/190 g)
2 TL Crème fraîche
¼ TL mildes Currypulver
1 Prise Curcuma
3 Spritzer Sojasauce
3 Blätter Koriandergrün, in feinen Streifen
1 Msp. geriebene Bio-Orangenschale
1 Ei
Salz, Pfeffer

- Backofen auf 200 °C vorheizen
- Ofenfeste Förmchen mit Knoblauch ausreiben und Butter ausstreichen
- Das Pastinakenpüree in einem kleinen
  Topf leicht erwärmen, die Crème fraîche,
  Gewürze, Kräuter, Orangenschale und
  das Ei unterrühren und mit Salz und Pfeffer abschmecken
- Die Masse in die Förmchen füllen
- Eine Auflaufform halbvoll mit Wasser
  füllen, die Förmchen ins Wasserbad stellen und etwa 30 Min. backen. Den Auflauf nach 20 Min. evtl. locker mit Alufolie
  abdecken

Pastinaken mit Kartoffeln

Dieser Auflauf schmeckt auch sehr fein mit HiPP Reinen Früh-Karotten oder Rahm-Spinat mit Kartoffeln.

Zu dieser Lachsforelle mit Kräuterkruste passt besonders gut der Gemüseauflauf von Seite 47.

Lachsforelle mit Kräuterkruste

Ergibt 2 Portionen als Hauptspeise

1 Knoblauchzehe, geschält
Butter für die Form
9 Scheiben HiPP Baby Zwieback
(6. Monat/100g)
60 g weiche Butter
4 TL fein gehackte Petersilie
1 kleine Schalotte, fein gewürfelt
1 TL mittelscharfer Senf
2–3 Prisen getrockneter Thymian
Salz, weißer Pfeffer
2 Lachsforellenfilets à 200 g

Baby Zwieback

- Backofen auf 180 °C vorheizen
- Eine ofenfeste Form mit Knoblauch aus-reiben und Butter ausstreichen
- Den Zwieback auf einem Brett in feine Stückchen hacken
- Die weiche Butter mit einem Schneebesen oder Handrührgerät cremig rühren, dann die Petersilie, die Schalottenwürfel, den Senf und den Thymian mit einem Teig-schaber unterheben. Zum Schluss den Zwieback unter die Masse geben
- Mit Salz und Pfeffer abschmecken, die Schüssel anschließend abgedeckt etwa 30 Min. in den Kühlschrank stellen
- Die Forellenfilets mit der Hautseite nach unten in die Form legen und etwa 20 Min. im Backofen backen

- Dann die Kräuterkrustenmasse aus der Schüssel nehmen, in der Handfläche zwei flache Stücke formen und auf den Filets verteilen. Nochmals etwa 4–6 Min. in den Backofen geben. Die Kruste ist fertig, wenn sie eine goldbraune Farbe angenom-men hat

Lachsforelle mit Mandelkruste

Ergibt 2 Portionen als Hauptspeise

1 Knoblauchzehe, geschält
Butter für die Form
4 EL Mandelblättchen
9 Scheiben HiPP Baby Zwieback
60 g weiche Butter
2 TL fein gehackte Petersilie
2 kleine Schalotten, fein gewürfelt
4 TL Koriandergrün, fein gehackt
Salz
2 Prisen Cayennepfeffer
2 Msp. geriebene Bio-Kaffirlimetten- oder Limettenschale
2 Lachsforellenfilets à 200 g

Baby Zwieback

- Backofen auf 180 °C vorheizen
- Eine ofenfeste Form mit Knoblauch ausreiben und Butter ausstreichen
- Die Mandelblättchen in einer beschichteten Pfanne ohne Fett hell anrösten, beiseitestellen
- Den Zwieback auf einem Brett in feine Stückchen hacken
- Die weiche Butter mit einem Schneebesen oder Handrührgerät cremig rühren, dann die Petersilie, die Schalottenwürfel und das Koriandergrün mit einem Teigschaber unterheben. Zum Schluss die gerösteten Mandelblättchen und die Zwiebackstückchen unter die Masse geben
- Mit Salz, Cayennepfeffer und der Limettenschale abschmecken, die Schüssel anschließend abgedeckt etwa 30 Min. in den Kühlschrank stellen
- Die Forellenfilets mit der Hautseite nach unten in die Form legen und etwa 20 Min. im Backofen backen
- Dann die Mandelkrustenmasse aus der Schüssel nehmen, in der Handfläche zwei flache Stücke formen und auf den Filets verteilen. Nochmals etwa 4–6 Min. in den Backofen geben. Die Kruste ist fertig, wenn sie eine goldbraune Farbe angenommen hat

Zu dieser Lachsforelle
mit Mandelkruste
passt besonders gut der
Pastinaken-Auflauf
von Seite 40.

Der Gemüseauflauf schmeckt auch sehr gut, wenn das Förmchen mit gemahlenen Haselnüssen ausgestreut wird.

Gemüse-Auflauf

Für 2 Souffleeförmchen von 10 cm

1 Knoblauchzehe, geschält
Butter für die Form
1 Glas HiPP Gemüse-Allerlei
(4. Monat/190 g)
2 TL Crème fraîche
1 Ei
¼ TL mittelscharfer Senf
1 Prise Muskat
Salz, Pfeffer

Gemüse-Allerlei

- Backofen auf 200 °C vorheizen
- Die Souffleeförmchen mit Knoblauch ausreiben und Butter ausstreichen
- In einem kleinen Topf das Gemüsepüree leicht erwärmen, dann die Crème fraîche, das Ei und den Senf unterrühren. Mit Muskat, Salz und Pfeffer kräftig abschmecken
- Eine Auflaufform dreiviertel mit heißem Wasser füllen. Die Masse in die Förmchen füllen, ins Wasserbad stellen und im Backofen 30 Min. backen

Gefüllte Champignons

Ergibt 2 Portionen als Vorspeise

4 große braune Champignons (etwa à 30 g)
½ Glas HiPP Zucchini mit Kartoffeln
(4. Monat/190 g)
2–3 Scheiben Südtiroler Schinken,
fein gewürfelt
1 EL gehackte glatte Petersilie
1–2 Spritzer Zitronensaft
1 Prise Muskat
Salz, weißer Pfeffer
20 g Bergkäse, grob gerieben
10 g Butter
2 EL Weißwein
5 EL Geflügelbrühe
je 1 Zweig Rosmarin und Thymian
1 kleine Knoblauchzehe

Zucchini mit Kartoffeln

- Backofen auf 200 °C vorheizen
- Die Champignons putzen, den Stiel entfernen, die erste dünne Schicht abziehen und mit der Öffnung nach oben in eine feuerfeste Form setzen
- Das Zucchinipüree mit den Schinkenstückchen und der Petersilie verrühren und mit Zitrone, Muskat, Salz und Pfeffer pikant abschmecken. Dann den Käse dazugeben
- Die Pilzköpfe mit der Zucchinimasse füllen, aber nicht überfüllen, denn sonst läuft die Füllung aus

- Die Butter dazugeben und Weißwein und Geflügelbrühe angießen. Zum Schluss die Kräuterzweige und die geschälte, halbierte Knoblauchzehe dazugeben
- Im Backofen 45–50 Min. schmoren lassen
- Die Pilze auf einem vorgewärmten Teller servieren und etwas von dem Sud drum herum gießen

Dazu passt
ein Eichblattsalat mit
einer klassischen
Vinaigrette sehr
gut und natürlich fri-
sches Baguette oder
Bauernbrot.

Für 1 Quicheform von 16 cm oder 4 kleine Förmchen

20 g Butter
4–6 Filoteigblätter
2–3 Cocktailtomaten
1 Glas HiPP Mediterranes Gemüse
(6. Monat/190 g)
Salz, Pfeffer
60 g Greyerzer, fein gerieben
1 Prise Paprikapulver edelsüß
1 Prise getrockneter Oregano
1 TL Balsamico Essig

- Backofen auf 180 °C vorheizen und die Springform fetten
- Die Butter in einem kleinen Topf zerlassen
- Die Filoteigblätter aus der Packung nehmen und und passend für die jeweilige Form zuschneiden
- Das erste Blatt mit der zerlassenen Butter gut bestreichen und in die Form legen. Die weiteren Blätter versetzt darüberlegen, so dass die Ecken überstehen
- Die Cocktailtomaten waschen und vierteln
- Das mediterrane Gemüse in einem Topf leicht erwärmen, mit Salz, Pfeffer, Paprika, Oregano und Essig abschmecken, dann den Käse und die Tomaten unterheben
- Die Masse auf die Filoteigblätter gießen und im Backofen etwa 15–20 Min. backen

Mediterranes Gemüse

Falls Sie keine Cocktailtomaten haben, probieren Sie's mit getrockneten Tomaten. Schmeckt etwas intensiver, auch sehr lecker.

Statt Putenfleisch kann man auch Tofu oder Garnelen verwenden. Dazu passt Duft- oder Basmatireis.

Asiapfanne mit Kokosmilch

Ergibt 4 Portionen als Vor- und 2 als Hauptspeise

4 EL Erdnussöl
120 g Putenschnitzel, gewürfelt 2x2 cm
50 g Weißkraut, klein geschnitten
30 g Erbsenschoten, in Streifen geschnitten
1 Frühlingszwiebel, in Ringe geschnitten
2 EL eingelegte Bambussprossen
1 EL Mungosprossen
1 kleine Knoblauchzehe, gerieben
6 cm Zitronengrasstengel, halbiert
2 Kaffirlimettenblätter
1 Stück Ingwer (etwa 1 cm)
je 1 Prise Cayennepfeffer, Kreuzkümmel, Curcuma
½ TL Limettensaft
100 ml Hühnerbrühe
1 Becher HiPP Tomatenreis mit feiner Bio-Pute (4. Monat/190 g)
60 ml Kokosmilch

- 2 EL Erdnussöl in einer Schmorpfanne erhitzen, und die Putenwürfel von allen Seiten anbraten. Das Fleisch herausnehmen und beiseitestellen
- In derselben Pfanne Gemüse, Knoblauch, Zitronengrasstengel, Kaffirlimettenblätter und Ingwer bei mittlerer Hitze etwa 3–4 Min. im restlichen Öl anbraten. Die Gewürze und den Limettensaft dazugeben
- Die Hühnerbrühe angießen, Tomatenpüree und Kokosmilch dazugeben und verrühren. Bei kleiner Hitze etwa 4 Min. köcheln lassen, dann die Putenwürfel dazugeben und abschmecken
- Vor dem Servieren das Zitronengras und die Kaffirlimettenblätter entfernen

Tomatenreis mit feiner Bio-Pute

Als Variante zu den roten Trauben schmecken auch frische dunkle Feigen oder Birnenscheiben besonders gut!

Hühnchen-Gorgonzola-Quiche

Für 1 Quiche- oder Springform von 28 cm

2 Gläschen HiPP Bio-Hühnchenfleisch püriert (4. Monat/125 g)
1 Ei
6 EL Sahne
200 g cremiger Gorgonzola (mild mit Mascarpone), in Stückchen
Salz, Pfeffer
1–2 Msp. getrockneter Thymian
1–2 Msp. geriebene Bio-Limettenschale
Öl oder Butter für die Form
1 Blätterteigrolle aus der Kühltheke
100 g rote Trauben (kernlos)
50 g Walnüsse, grob gehackt

Bio-Hühnchen

- Backofen auf 200 °C vorheizen
- Den Blätterteig aus dem Kühlschrank nehmen
- Die Hühnchenmasse mit dem Ei und der Sahne kräftig verrühren, dann den Gorgonzola sorgfältig unterrühren
- Mit Salz, Pfeffer, Thymian und der Limettenschale abschmecken
- Die Quicheform mit Öl oder Butter gut ausstreichen
- Die Form mit dem Blätterteig auslegen, überschüssigen Teig am Rand abschneiden
- Den Blätterteig 6–7 Min. im Backofen anbacken. Dieses kurze Anbacken verhindert, dass der Teig zu sehr aufweicht

- In der Zwischenzeit die Trauben waschen und je nach Größe halbieren oder vierteln
- Den angebackenen Teig kurz abkühlen lassen, dann die Trauben und die gehackten Walnüsse darauf verteilen und mit der Hähnchen-Gorgonzola-Masse gleichmäßig bedecken
- Die Quiche nun 30 Min. im Backofen auf mittlerer Stufe backen
- Lauwarm mit Blattsalaten servieren

Fisch-Lasagne

Ergibt 2 Portionen als Hauptspeise

50 g Mangold (ersatzweise Spinat)
Öl für die Backform
1 kleine Knoblauchzehe, fein gewürfelt
60 ml Fischfond
40 ml Weißwein
2 Gläschen HiPP Bandnudeln mit Seefisch
und Tomatensauce (12. Monat/250 g)
100 g Sahne
2 TL Kapern
1–2 Spritzer Zitronensaft
2 TL Dijon Senf
1–2 Prisen Cayennepfeffer
Salz, Pfeffer
3 Lasagneblätter, nach Belieben
weiß oder grün
300 g Seelachsfilet oder Pangasius,
der Länge nach halbiert
2 Cocktailtomaten, geviertelt
Salz, Pfeffer

- Backofen auf 200 °C vorheizen
- Den Mangold waschen und in breite Streifen schneiden, den harten Mittelstrunk entfernen
- Eine ofenfeste Form mit Öl ausstreichen
- In einer Pfanne den Knoblauch glasig anbraten, mit Fischfond und Weißwein aufgießen
- Den Inhalt der Gläschen unterrühren, ebenso die Sahne, Kapern hineinrühren. Mit Zitrone, Senf und den Gewürzen abschmecken, und die Mischung ganz kurz aufkochen lassen
- Auf den Boden der Backform gleichmäßig etwas von der Sauce verteilen mit einer ungekochten Nudelplatte belegen, darauf einige Mangoldblattstreifen verteilen und dann wieder etwas von der Sauce
- Darauf kommt das gesalzene und gepfefferte halbe Fischfilet, mit 4 Tomatenvierteln umlegen
- Darauf abermals etwas Sauce verteilen und eine weitere Nudelplatte platzieren, die restlichen Mangoldblattstreifen und etwas Sauce darauf verteilen. Die zweite Hälfte des Fischfilets darauf geben und mit den restlichen Tomatenvierteln umlegen
- Den Abschluss bildet die dritte Nudelplatte, auf der die restliche Sauce verteilt wird
- Etwa 50 Min. im Backofen garen

Bandnudeln mit Seefisch und Tomatensauce

Kochen Sie eine zusätzliche Nudelplatte gar und stechen Sie mit einem Förmchen eine Dekoration für die Lasagne aus.

Dazu passt
frisches Bauernbrot,
das in die Sauce
getunkt wird.

Gemüseduo von Kohlrabi und Zwiebel

Ergibt 2 Portionen als Vorspeise

1 Kohlrabi (etwa 300 g)
1 Gemüsezwiebel (etwa 200 g)
20 g Butter
30 ml Weißwein
1 Glas HiPP Bandnudeln mit Seefisch in Tomatensauce (12. Monat/250 g)
1 Glas HiPP Tomaten-Cremesuppe (8. Monat/200 g)
150 ml Fisch- oder Gemüsebrühe
¼ TL getrockneter Estragon
¼ TL Paprikapulver edelsüß
1 Prise Cayennepfeffer
1 Knoblauchzehe, fein gerieben

Bandnudeln mit Seefisch und Tomatensauce

Tomaten-Cremesuppe

- Backofen auf 200 °C vorheizen
- Das Kohlrabigrün entfernen, einige zarte Blättchen beiseitelegen
- Den Deckel des Kohlrabi abschneiden und die Rübe aushöhlen. Es sollte ein Rand von etwa 1½ cm stehenbleiben
- Die äußeren (brauen) Schalen der Zwiebel entfernen und das Innere der Zwiebel aushöhlen. Vorsicht, die Wurzel darf nicht abgeschnitten werden, denn sie hält die Zwiebel zusammen. Es sollten letztlich drei der äußeren Schichten übrig bleiben
- Die Zwiebel- und Kohlrabistücken kleinschneiden und in der Butter glasig anbraten, mit dem Weißwein ablöschen und kurz einkochen lassen
- In einer Schüssel das geschmorte Gemüse, das Fischpüree, die Tomaten-Cremesuppe sowie 100 ml Brühe miteinander verrühren und mit den Gewürzen und dem Knoblauch pikant abschmecken
- Den Kohlrabi und die Zwiebel in eine ofenfeste Form mit Deckel stellen und füllen
- Den Rest der Füllung mit der restlichen Brühe verrühren und in die Form geben. In der Form bei 200 °C etwa 90 Min. schmoren lassen
- Die Kohlrabiblättchen feinhacken und das Gemüseduo damit bestreuen

Sauerkraut Szegediner Art

Ergibt 2 Portionen als Hauptspeise

300 g Sauerkraut
Öl zum Braten
1 kleine Zwiebel, fein gewürfelt
2 Wacholderbeeren
1 Lorbeerblatt
2 Thymianzweige
etwa 3 cm langes Stück Zimtrinde
etwa 400 ml Gemüsebrühe
1 Glas HiPP Karotten-Kürbisgemüse mit
Bio-Kalb (ab 8.Monat/220 g)
¼ Bio-Apfel (z.B. Boskop)
1½ EL saure Sahne
Salz, Pfeffer, getrockneter Thymian

- Das Sauerkraut abtropfen lassen
- Das Öl in einem Topf erhitzen und die Zwiebelwürfel glasig anbraten, Sauerkraut dazugeben und etwa 3 Min. weiterbraten, dann die Gewürze und das Apfelstück hinzufügen
- Mit etwa 300 ml Gemüsebrühe ablöschen und auf kleiner Flamme 20 Min. köcheln lassen
- Nun den Inhalt des Gläschen sowie die saure Sahne hinzufügen und nochmals für etwa 6 Min. köcheln. Evtl. noch etwas Brühe angießen
- Zum Schluss die Wacholderbeeren, das Lorbeerblatt, die Thymianzweige und die Zimtrinde entfernen
- Mit Salz, Pfeffer und getrocknetem Thymian abschmecken

Karotten-Kürbisgemüse mit Bio-Kalb

Zu diesem Sauerkraut serviere ich am liebsten Semmelknödel, aber ein frisches Baguette passt natürlich auch.

Gefüllte Fleischtomaten

Ergibt 2 Portionen als Vorspeise

2 große Fleischtomaten (etwa 220 g)
Butter für die Form
1 Scheibe Ciabattabrot
1 Knoblauchzehe, geschält
2 EL Olivenöl
1 Glas HiPP Mediterranes Gemüse
(6. Monat/190 g)
30 g Scamorza, klein gewürfelt
1 TL roter Balsamico
1 Prise Oregano
1 Prise Cayennepfeffer
Salz
50 ml Geflügelbrühe
20 g kalte Butter, in Stückchen
1 Lorbeerblatt
1 Thymianzweig

- Backofen auf 200 °C vorheizen
- Bei den Tomaten einen Deckel abschneiden, und die Frucht mit einem Löffel aushöhlen
- Die Tomaten in eine ausgebutterte ofenfeste Form setzen
- Die Ciabattascheibe mit einer Knoblauchzehe von beiden Seiten einreiben und würfeln. Den Knoblauch dann halbieren und beiseitelegen
- Das Olivenöl in einer Pfanne erhitzen und die Brotwürfel goldbraun anbraten. Danach abkühlen lassen
- Das Gemüsepüree mit den Scamorzawürfeln und den gerösteten Ciabattawürfeln vermischen und mit Balsamico, Oregano, Cayennepfeffer und Salz pikant abschmecken. Die Masse in die Tomaten einfüllen. Die Deckel wieder obenauf setzen und die Tomaten in eine feuerfeste Form stellen
- Brühe angießen, Butterstückchen auf die Tomatendeckel setzen und die Knoblauchhälften, das Lorbeerblatt sowie den Thymianzweig dazugeben
- Im Backofen etwa 20 Min. schmoren lassen, nach 10 Min. die Tomaten alle paar Minuten mit etwas Saft begießen

Mediterranes Gemüse

Rinder-Geschnetzeltes

Ergibt 2 Portionen als Hauptspeise

5 EL Öl
2 walnussgroße Butterstückchen
300 g Rinderfilet, klein gewürfelt 2x2cm
2 Scheiben Bacon, in Streifen
1 kleine Schalotte, fein gewürfelt
1 eingelegte Essiggurke (etwa 7 cm),
fein gewürfelt
3 EL Marsala
100–120 ml Gemüse- oder Hühnerbrühe
2 Becher HiPP Tomatenreis mit feiner
Bio-Pute (4. Monat/190 g)
1 TL eingelegte Pfefferkörner, nach Belieben
Salz, Pfeffer
1 TL mittelscharfer Senf

- In einer höheren Bratpfanne 3 EL Öl und 1 Stück Butter erhitzen und die Filetwürfel anbraten
- Wenn sie durch sind, aus der Pfanne nehmen und abgedeckt beiseitestellen
- Nochmals 2 EL Öl und die restliche Butter in der Pfanne erhitzen und Bacon, Schalotten- und Gurkenwürfel anbraten, bis die Schalottenwürfel eine hellbraune Farbe angenommen haben. Mit Marsala ablöschen, kurz aufkochen lassen und etwa 100 ml Brühe angießen
- 4–5 Min. auf kleiner Flamme köcheln lassen, dann 6 gehäufte EL des Tomatenreis´ sowie das Rindfleisch in den Sud geben. Evtl. noch Brühe nachgießen. Nach Belieben die eingelegten Pfefferkörner dazugeben
- Weitere 2–3 Min. durchziehen lassen und dann kräftig mit Salz, Pfeffer und Senf abschmecken

Tomatenreis mit feiner Bio-Pute

Ein frisches Baguette
oder Kartoffelpüree
dazu servieren und
einen gemischten Sa-
lat, der leicht sauer
angemacht ist.

Dieser Flan eignet sich hervorragend als Beilage zu Hühnchen oder zum Hackbraten oder einfach als Hauptspeise mit einem knackigen Salat.

Karotten-Flan

Für 1 Kastenform oder 4–6 Souffleeförmchen

3 Gläschen HiPP Reine Früh-Karotten
(4. Monat/125 g)
3 große Eier
3–4 EL Crème fraîche
1 kleine Zwiebel, fein gewürfelt
½ Bund glatte Petersilie, fein gehackt
2 Msp. fein geriebene Bio-Zitronenschale
1 TL Zitronensaft
2 TL Speisestärke
2 Prisen Muskat
Salz, Pfeffer

Reine Früh-Karotten

- Backofen auf 175 °C vorheizen
- In einer Schüssel den Inhalt der Gläschen mit den Eiern, der Crème fraîche, den Zwiebeln, der Petersilie und der Speisestärke gut verrühren und mit Salz, Pfeffer und Muskat kräftig abschmecken
- Die Masse in eine ausgebutterte Kastenform etwa 3 cm hoch einfüllen oder in 4–6 kleine mit Butter ausgestrichene Souffleeförmchen geben.
- 50–60 Min. (evtl. im Wasserbad, dann wird der Flan noch lockerer) garen
- Der Flan ist gar, wenn er sich fest anfühlt, wenn man mit dem Finger draufdrückt. Ansonsten die Garzeit verlängern

Muschelnudeln mit Thunfisch-Bolognese

Ergibt 2 Portionen als Hauptspeise

10 Muschelnudeln (Conchiglioni)
1 kleine Zwiebel, fein gewürfelt
½ Knoblauchzehe, fein gewürfelt
Öl zum Braten
4 EL Fisch- oder Gemüsebrühe
1 Glas HiPP Spaghetti Bolognese
(4. Monat/190 g)
2 schwarze Oliven, gehackt
1–2 getrocknete Tomaten, gehackt
1 TL Kapern, gehackt
100 g Thunfisch in Lake
Salz, Pfeffer
2 EL Olivenöl
6 EL Bergkäse, gerieben

Spaghetti Bolognese

- Die Nudeln al dente kochen, abschrecken und beiseitestellen
- Backofen auf 250 °C vorheizen
- Zwiebel und Knoblauch in einer Pfanne in Öl glasig anbraten, mit Fisch- oder Gemüsebrühe ablöschen
- Die Pfanne vom Feuer nehmen und den Inhalt des Gläschens sowie die Oliven, Tomaten und Kapern unterrühren
- Den Thunfisch abgießen und in kleinen Stückchen unter die Sauce heben, mit Salz, Pfeffer und 1 TL Kapernflüssigkeit abschmecken
- Eine mittelgroße ofenfeste Form mit dem Olivenöl ausstreichen, die Muschelnudeln hineinschichten, mit der Thunfisch-Sauce füllen und dem Käse bestreuen
- Etwa 15 Min. auf der mittleren Schiene backen, bis der Käse goldgelb ist

Pizza à la HiPP

Für eine runde Pizzaform von 30 cm

Für die Sauce
1 Glas HiPP Gemüsereis mit Bio-Hühnchen
(4. Monat/190g)
3 getrocknete Tomaten, fein gehackt
1 mittelgroße Knoblauchzehe, gerieben
Salz, Pfeffer

Für den Teig
20 g Butter, zerlassen
Olivenöl
5 Filoteigblätter

Für den Belag
4 Rispentomaten in Scheiben
½ gelbe Paprika, in 5 mm breiten Streifen
6 schwarze Oliven, halbiert
½ Karotte, grob geraspelt
100 g Scamorza, in kleinen Stücken
2–3 Prisen Oregano
1–2 EL Olivenöl

- Den Backofen auf 200 °Grad vorheizen
- In einer Schüssel den Gemüsereis mit den getrockneten Tomaten und dem geriebenen Knoblauch verrühren, mit Salz und Pfeffer abschmecken
- Die zerlassene Butter mit einem Backpinsel bereitstellen. Die Pizzaform mit Olivenöl gut ausreiben. Darauf ein Filoteigblatt legen
- Das Blatt mit etwas flüssiger Butter bestreichen und ein weiteres Blatt daraufgeben. Diesen Arbeitsschritt wiederholen, bis alle 5 Blätter in der Form liegen. Die Blätter immer etwas versetzt einlegen, damit die Seitenwand der Form abgedeckt ist
- 5–6 gehäufte EL der Püreemischung auf dem Teig gleichmäßig verstreichen
- Die Tomatenscheiben, Paprikastreifen, Oliven und Karottenraspeln darauf verteilen
- Zum Schluss die Scamorzawürfel auf der Pizza verteilen und kräftig mit Salz, Pfeffer und Oregano würzen. Das Olivenöl darüberträufeln
- Etwa 15–20 Min. backen

Gemüsereis mit Bio-Hühnchen

Für den Belag eignen sich auch die folgenden Zutaten sehr gut: Pinienkerne, Bündnerfleisch, 2–3 Artischockenherzen sowie Walnussöl als Würze.

Sie können auch noch fein gehackte Oliven sowie Kapern dazugeben, und das Ganze mit mittelaltem Gouda überbacken.

Gefüllte Paprika mit Sternchennudeln

Ergibt 4 Portionen als Vor- oder 2 als Hauptspeise

2 rote Paprikaschoten (etwa 200 g)
2 EL Olivenöl
1 kleine Zwiebel, fein gewürfelt
150 g gemischtes Hackfleisch
1 Herzchenteller HiPP Sternchennudeln
mit ital. Gemüse (1–3 Jahre/260 g)
1 TL mittelscharfer Senf
½ TL Oregano
1½ EL fein gehackte glatte Petersilie
½ TL Paprikapulver edelsüß
2–3 Spritzer Tabasco
Salz, Pfeffer
100 ml Geflügelbrühe

- Den Backofen auf 200 °C vorheizen
- Die gewaschenen Paprika längs halbieren, Strunk und Kerne entfernen
- Olivenöl in einer Pfanne erhitzen, und die Zwiebelwürfel glasig anbraten, das Hackfleisch dazugeben und braten, bis es eine helle Farbe angenommen hat, beiseitestellen
- Die Sternchennudelmasse in einer Schüssel unter das Hackfleisch mischen und mit den Gewürzen pikant abschmecken
- Die Paprikahälften in eine feuerfeste Form setzen und mit der Nudel-Hackfleisch-Masse füllen
- Die Geflügelbrühe in die Form gießen und die Paprikahälften im Backofen 45–50 Min. schmoren lassen

Sternchennudeln mit ital. Gemüse

Diese Küchlein schmecken warm und kalt. Dazu passen Bündnerfleisch, San Daniele- oder Hirschschinken. Die Schinkenscheibe zu einer kleinen Rolle drehen und mit Zahnstochern auf das Maisküchlein stecken.

Pikante Maisküchlein

Ergibt 6 Stück

Öl für die Form
1 Blätterteigrolle aus der Kühltheke
1 Glas HiPP Mais mit Kartoffelpüree und
Bio-Pute (4. Monat/190 g)
2 EL Maiskörner aus der Dose
Salz, weißer Pfeffer
einige Spritzer Zitronensaft
je 1 Prise Muskat und getrockneter Majoran
½ TL getrockneter Thymian
5 EL Sahne
2 Eier, verquirlt
60 g mittelalter Gouda, grob gerieben

Mais mit Kartoffelpüree und Bio-Pute

- Backofen auf 200 °C vorheizen
- Ein Muffinblech mittlerer Größe (Durchmesser 8 cm) mit Öl ausstreichen
- Die Blätterteigrolle auswickeln, 6 Kreise im Durchmesser von 11 cm ausstechen und in die Vertiefungen des Muffinblechs legen
- In einer Schüssel das Püree mit den Maiskörnern und den Gewürzen abschmecken
- Die Eier und die Sahne unterrühren, ebenso den Käse, davon jedoch 2 EL beiseitestellen
- Die Masse in die Muffinförmchen füllen und den restlichen geriebenen Käse daraufstreuen
- Etwa 30 Min. im Backofen backen

Gefüllte Aubergine griechische Art

Ergibt 2 Portionen als Hauptspeise

1 mittelgroße Aubergine (etwa 260 g)
1 Knoblauchzehe, geschält
1 EL Olivenöl
1 Herzchenteller HiPP Lasagne Bolognese im (1–3 Jahre/260 g)
4 Cocktailtomaten, fein gewürfelt
4 schwarze Oliven, fein gewürfelt
2–3 Msp. fein geriebene Bio-Zitronenschale
je 2–3 Msp. Thymian, Oregano, Rosmarin
Salz, Chilipulver
80 g Schafskäse (Feta)

Lasagne Bolognese

- Den Backofen auf 180 °C vorheizen
- Die Aubergine halbieren, die Schnittstellen mit der Knoblauchzehe einreiben und mit etwas Olivenöl bestreichen. Den Knoblauch dann fein würfeln und beiseitestellen
- Eine ofenfeste Form mit etwas Öl einpinseln, die Auberginenhälften mit der Schnittfläche nach oben hineinlegen und 30 Min. im Backofen backen. Danach das weiche Auberginenfleisch mit einem Löffel aushöhlen, dabei einen Rand von etwa 1 cm stehenlassen. Das ausgehöhlte Auberginenfleisch kleinschneiden. Die Auberginenhüllen in der Form lassen
- Das Auberginenfleisch, die Bolognese-Masse sowie die Cocktailtomaten-, Oliven- und Knoblauchwürfel dazugeben und unterrühren. Mit den Gewürzen und der Zitronenschale pikant abschmecken.
- Die Auberginenhüllen mit der Nudel-Gemüsemasse füllen, den Schafskäse darüberkrümeln und mit ein paar Tropfen Olivenöl beträufeln
- Etwa 20–25 Min. backen

Dieses mediterrane Gericht passt an heißen Sommertagen wunderbar zu einem Glas griechischen Weins.

SÜSSIGKEITEN

Helle Müslitrüffel

Ergibt 15–20 Trüffel

50 g Softaprikosen
3–4 EL Orangensaft
4 Riegel HiPP Früchte-Freund Pfirsich-Apfel
(1 Jahr/20 g)
70 g weiße Schokolade
5–6 EL feine Kokosraspel
1 EL Bourbonvanillezucker

- Die Aprikosen in feine Stückchen schneiden und mit Orangensaft übergießen; etwa 1 Std. ziehen lassen, dabei gelegentlich umrühren
- Die Riegel aufeinander legen, grob hacken und in einer Schale beiseitestellen
- Die zerkleinerte weiße Schokolade im Wasserbad schmelzen, handwarm abkühlen lassen, zu der Fruchtmasse geben und gut verkneten
- Die Masse abdecken und etwa 15 Min. in den Kühlschrank stellen
- In einer kleinen Schüssel Kokosraspeln mit Vanillezucker vermischen
- Mit einem Teelöffel kleine Mengen der Masse abstechen, in den Händen zu Kugeln formen und in der Kokos-Vanillezuckermischung wälzen
- Eine Tupperbox o.ä. mit Alufolie auslegen und die Kugeln hineinlegen. Falls es zwei Lagen werden, die untere Lage mit Alufolie abdecken. Am besten im Kühlschrank aufbewahren!

Fruchtriegel Pfirsich-Apfel

Mit den
HiPP Knusperflakes
Crispy Croco Elefanten
und Krokodilen
lassen sich die Trüffel
schön dekorieren.

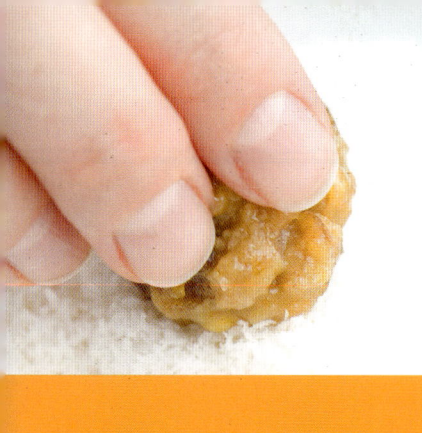

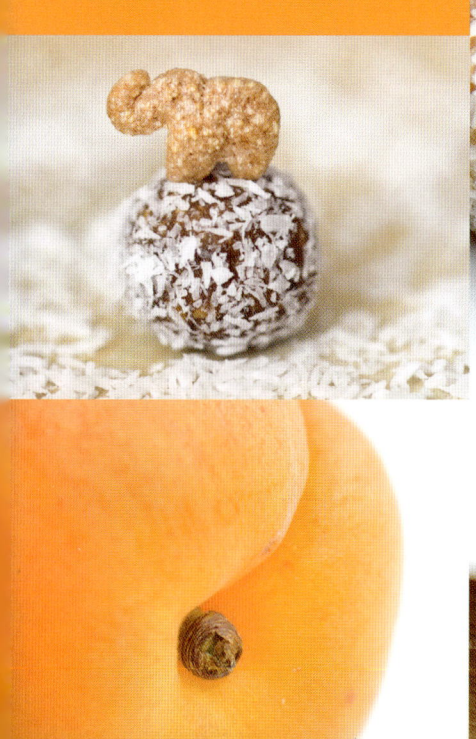

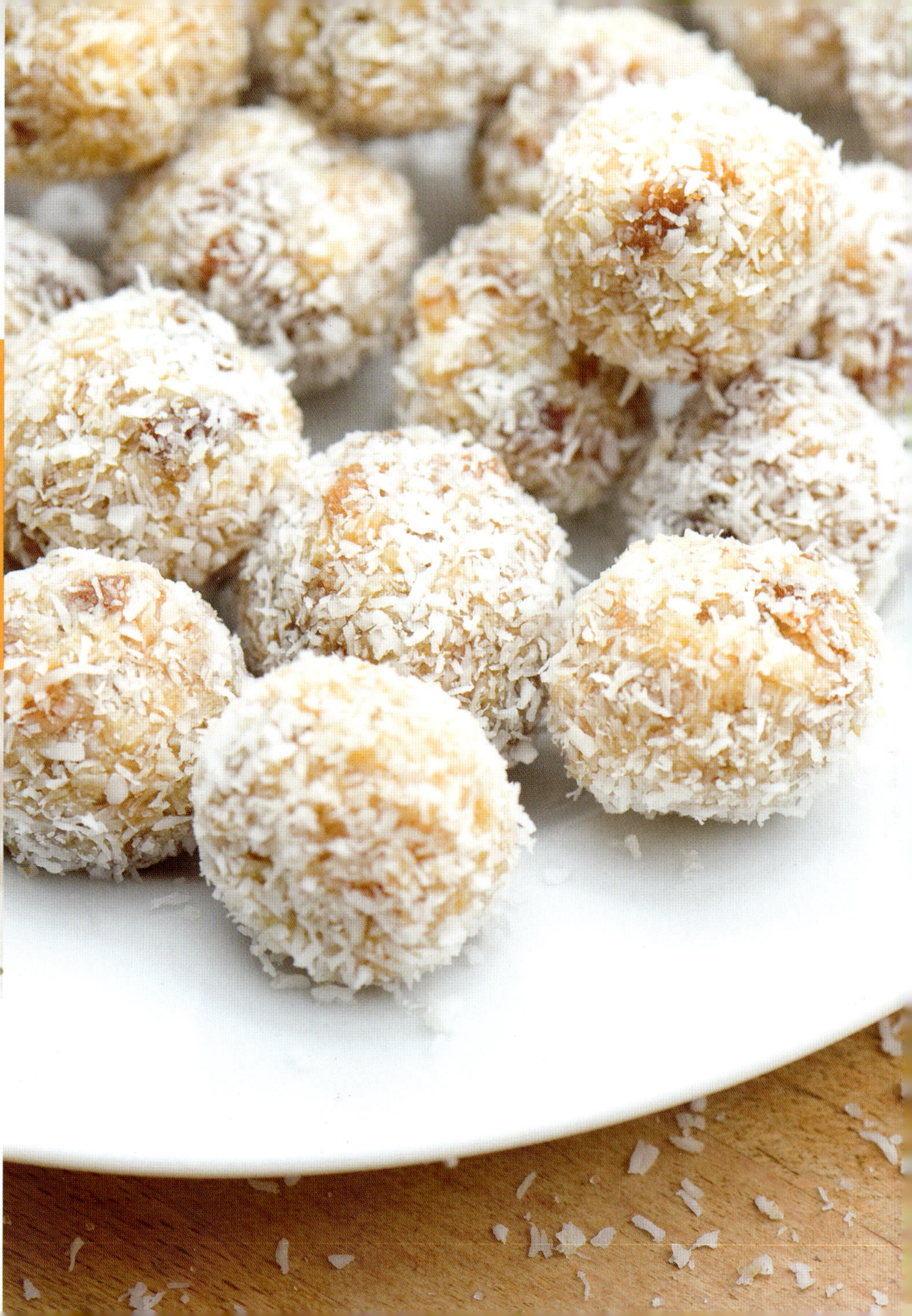

Ergibt 15–20 Trüffel

70 g Bananenchips
3 EL Rum
3–4 EL Orangensaft
4 Riegel HiPP Früchte-Freund
Banane-Apfel (1 Jahr/ 25 g)
20 g gehackte Walnüsse
50 g Bitterschokolade (70% Kakaoanteil)
10 g Butter
dunkles Kakaopulver
1 EL Bourbonvanillezucker

Fruchtriegel Banane-Apfel

- Die Bananenchips grob hacken und etwa 1½ Std. in Rum und Orangensaft marinieren, dabei gelegentlich durchrühren
- Die Oblaten von den Früchteriegeln entfernen, die Riegel aufeinander legen und grob hacken, mit den Walnusskernen in einer Schale beiseitestellen
- Nach der Einweichzeit die Bananenchips in noch kleinere Stückchen schneiden und zu der Müsli-Nuss-Mischung geben
- Die zerkleinerte Bitterschokolade im Wasserbad schmelzen, handwarm abkühlen lassen, zu der Fruchtmasse geben und gut verkneten
- Die Masse abdecken und etwa 15 Min. in den Kühlschrank stellen
- In einer kleinen Schüssel Kakaopulver mit Vanillezucker vermischen

- Mit einem Teelöffel kleine Mengen der Masse abstechen, in den Händen zu Kugeln formen und in der Kakao-Vanillezuckermischung wälzen
- Eine Tupperbox o.ä. mit Alufolie auslegen und die Kugeln hineinlegen. Falls es zwei Lagen werden, die untere Lage mit Alufolie abdecken. Am besten im Kühlschrank aufbewahren!

Feiner Karottenkuchen

Für eine Kastenform von 30x11,5 cm

Für den Teig
Butter und Mehl für die Form
90 g gemahlene Haselnüsse
60 g gemahlene Mandeln
5 Eier
200 g Zucker
100 g Mehl
1 TL Backpulver
1 Msp. Zimt
2 Gläschen HiPP Reine Früh-Karotten
(4. Monat/125 g)
1 EL Zitronensaft
fein geriebene Schale ½ Bio-Zitrone
2 EL Rum

Für die Glasur
200 g Puderzucker, gesiebt
1–3 EL Zitronensaft
1 Msp. fein geriebene Bio-Zitronenschale
2 EL Rum

- Backofen auf 170 °C vorheizen
- Kastenform mit Butter ausstreichen und mehlieren
- Die gemahlenen Haselnüsse und Mandeln in einer Pfanne ohne Fett hellbraun anrösten und abkühlen lassen
- Die Eier trennen. Eigelb und den Zucker in einer großen Schüssel so lange mit dem Handrührgerät verrühren, bis die Masse hellgelb ist und sich etwa verdreifacht hat
- Das Mehl mit dem Backpulver und Zimt vermischen. Mit Hilfe eines Teigspatels langsam die Nüsse, das Karottenmus, den Zitronensaft und die -schale sowie den Rum unterheben
- Eiweiß mit einer Prise Salz steif schlagen und vorsichtig unter den Teig heben
- Die Form auf der mittleren Schiene in den Backofen schieben und etwa 40–50 Min. backen
- Den Kuchen auf einem Kuchengitter abkühlen lassen

- Für die Glasur den Puderzucker mit dem Zitronensaft, der Zitronenschale und dem Rum mischen. Die Konsistenz der Glasur sollte dickflüssig und glatt sein
- Glasur über den Kuchen verteilen und mit einem Pinsel glatt streichen

Reine Früh-Karotten

Für 12 Reiswaffeln

50 g weiße Schokolade
2 Msp. gemahlene rote Pfefferbeeren
20 g getrocknete Cranberrys
oder Aprikosen
1 Riegel HiPP Müsli-Freund Pfirsich-Apfel
(1 Jahr/20 g)
½ Tüte HiPP Kinder-Reiswaffeln

- Die Schokolade im Wasserbad langsam schmelzen, Gewürzpulver einrühren
- Die getrockneten Cranberrys oder Aprikosen in kleine Stückchen schneiden
- Den Müsliriegel klein hacken
- Jeweils die Oberseite einer Reiswaffel in die Schokolade tauchen, auf ein Gitter legen und sofort mit etwas Müsli und Kirsch- bzw. Cranberrystückchen bestreuen. Trocknen lassen

Für 12 Reiswaffeln

50 g Bitterschokolade
1 Prise Zimt
20 g getrocknete Kirschen oder Cranberrys
1 Riegel HiPP Müsli-Freund Pflaume-Apfel
(1 Jahr/20 g)
½ Tüte HiPP Kinder-Reiswaffeln

- Die Schokolade im Wasserbad langsam schmelzen, den Zimt einrühren
- Die getrockneten Kirschen oder Cranberrys klein hacken
- Den Müsliriegel klein hacken
- Jeweils die Oberseite einer Reiswaffel in die Schokolade tauchen, auf ein Gitter legen und sofort mit etwas Müsli und Kirsch- bzw. Cranberrystückchen bestreuen. Trocknen lassen

Kinder-Reiswaffeln

Reiswaffeln lassen sich auch gut auf Vorrat machen. Bewahren Sie die Waffeln luftdicht verschlossen in einer Blechdose auf.

Zu diesem Wackelpudding passt besonders gut Vanille-sauce – aber auch Eierlikör schmeckt lecker dazu.

Wackelpudding à la HiPP

Ergibt 2 Füllungen der 190 g HiPP-Becher

1½ Blätter Gelatine
1 Glas HiPP Erdbeere mit Himbeere
in Apfel (4. Monat/190 g)
50 ml HiPP Bio-Saft Milder Apfel
1½ TL Zitronensaft
1 Msp. fein geriebene Bio-Zitronenschale
3 TL Rohrzucker
60 g Himbeeren
1 Tütchen Mini-Gummibärchen

- Die Gelatineblätter in kaltem Wasser etwa 5 Min. einweichen, gleichzeitig Apfel-, Zitronensaft und -schale und Zucker in einem Topf kurz aufkochen lassen, bis sich der Zucker aufgelöst hat, beiseitestellen
- Die eingeweichte Gelatine gut ausdrücken und mit einem Schneebesen kräftig in den Sud rühren
- Das Fruchtpüree sofort untermischen und zum Schluss die Himbeeren sowie die Mini-Gummibärchen unterrühren
- In die Becher füllen, abdecken und im Kühlschrank etwa 4 Std. kühlen lassen
- Vor dem Servieren die Förmchen kurz in heißes Wasser tauchen und dann den Wackelpudding auf einen Teller stürzen
- Mit Himbeeren garnieren

Erdbeere mit Himbeere in Apfel

89

Pfirsich-Crumble

Für eine Tarteform von 28 cm

1 großer Pfirsich
Butter für die Form
1 EL Zucker
2 Gläschen HiPP Pfirsich mit Apfel
(4. Monat/190 g)
1 Prise Zimt

Für die Streusel
100 g Mehl
100 g gemahlene Mandeln
90 g Zucker
150 g kalte Butter in Würfeln
1 Prise Zimt

- Backofen auf 175 °C vorheizen
- Den Pfirsich in Spalten und dann in etwa 3–5 mm dünne Scheibchen schneiden
- Die Tarteform mit Butter ausstreichen und mit 1 EL Zucker bestreuen. Den Boden mit den Obstscheiben auslegen. Das Pfirsich-Apfel-Püree mit dem Zimt mischen und die Pfirsichscheiben damit überziehen
- Mehl, Mandeln, Zucker, Butterwürfel und Zimt auf einer Arbeitsplatte vermischen und zügig zu Streuseln verarbeiten. Diese auf dem Obst verteilen
- Den Crumble in etwa 30 Min. schön braun backen, evtl. noch kurz den Grill dazuschalten

Pfirsich mit Apfel

Schmeckt besonders gut lauwarm zu Eis, aber auch kalt. Sie können den Pfirsich natürlich auch durch einen Apfel ersetzen.

Beeren-Terrine

Ergibt 2 Füllungen der 190 g HiPP-Becher

1½ Blätter Gelatine
60 ml Orangensaft
2 TL Zucker
½–1 TL Grand Marnier
1 Glas HiPP Erdbeere mit Himbeere in Apfel
(4. Monat/190 g)
30 g Heidelbeeren
Minzblättchen, nach Belieben
30 g Erdbeeren, zum Garnieren

Erdbeere mit Himbeere in Apfel

- Die Gelatineblätter in kaltem Wasser etwa 5 Min. einweichen, gleichzeitig Orangensaft, Zucker und Grand Marnier in einem Topf kurz aufkochen lassen, bis der Zucker aufgelöst ist, beiseitestellen
- Die eingeweichte Gelatine gut ausdrücken und mit einem Schneebesen kräftig in den Sud rühren, das Fruchtpüree sofort untermischen und zum Schluss die Heidelbeeren unterrühren
- In die Becher füllen, abdecken und im Kühlschrank etwa 4 Std. auskühlen lassen
- Vor dem Servieren die Becher kurz in heißes Wasser tauchen und dann die Terrine auf einen Teller stürzen
- Nach Belieben mit Minzblättchen und Erdbeerscheibchen garnieren

Joghurtmousse
in zwei Varianten

Variante 1
Für 2 Souffleeförmchen

1 Glas HiPP Heidelbeeren in Apfel
(4. Monat/190 g)

200 g griechischer Joghurt (10% Fett)
2 EL Zitronensaft
1 Prise Zimt
2 EL Puderzucker, gesiebt
3 EL Müsli, nach Belieben

Früchte-Salat

- In einer Schüssel alle Zutaten mischen, zuletzt den gesiebten Puderzucker unterrühren
- Die Joghurtmousse in die Souffleeförmchen füllen, mit Klarsichtfolie abdecken und 1½–2 Std. ins Tiefkühlfach stellen
- Die Mousse ist fertig, wenn die Ränder leicht angefroren sind, der Innenteil aber noch weich ist
- Nach Belieben mit Müsli dekorieren

Variante 2
Für 2 Souffleeförmchen

200 g Rahmjoghurt
1 Glas HiPP Früchte-Salat (8. Monat/190 g)
2 EL Orangensaft
4 TL Kokosraspel
1 Msp. Vanillemark, ersatzweise ½ TL Bourbonvanillezucker
2 EL Puderzucker, gesiebt

Heidelbeeren in Apfel

- In einer Schüssel alle Zutaten mischen, zuletzt den Puderzucker unterrühren
- Die Joghurtmousse in die Souffleeförmchen füllen, mit Klarsichtfolie abdecken und 1½–2 Std. ins Tiefkühlfach stellen
- Die Mousse ist fertig, wenn die Ränder leicht angefroren sind, der Innenteil aber noch weich ist

Wer mag, kann Variante 2 mit ein paar Tropfen Kokos- oder Bananenlikör aromatisieren. Schmeckt sommerlich frisch.

Schokoeis am Stiel

Ergibt 3 Eis am Stiel

1 Glas HiPP Bio-Banane (4. Monat/190 g)
5 EL Sahne
½ EL flüssiger Honig oder feiner Rohrzucker
3 Stücken Toblerone
50 g Vollmilchkuvertüre
Krokant

- Das Bananenpüree in einer Schüssel mit der Sahne und dem Honig verrühren
- Die Toblerone in nicht zu feine Stücke hacken und unterziehen
- Die Masse in 3 Eisförmchen füllen, Stiel hineinstecken und im Tiefkühlfach etwa 6 Std. gefrieren lassen
- 50 g Vollmilchkuvertüre schmelzen und abkühlen lassen
- Das Eisförmchen kurz in heißes Wasser tauchen, um das Eis herauszulösen
- Die Spitze des Eis am Stiel kurz in die Kuvertüre tauchen, dann mit etwas Krokant bestreuen und fest werden lassen

Bio-Banane

96

Natürlich
können Sie auch jede
andere Schokolade
nehmen, aber ich mag
es am liebsten mit
Toblerone.

Diese Tarte schmeckt auch sehr gut mit Äpfeln auf dem HiPP Bio-Apfelpüree; garniert mit Rosinen und gerösteten Mandelblättchen.

Birnentarte auf Pflaumenpüree

Für eine Springform von 28 cm

200 g Mehl
60 g Zucker
100 g weiche Butter
1 EL Milch
1 Eigelb
1 Glas HiPP Pflaume mit Birne
(4. Monat/190 g)
1 TL Ingwersirup
Mark von ½ Vanilleschote
1 EL Zucker
2 Msp. geriebene Bio-Zitronenschale
1 Päckchen getrocknete Hülsenfrüchte
(z. B. Erbsen oder Linsen)
2–3 Birnen (z. B. Abate)
½ Zitrone
20 g Butter
1 Prise brauner Zucker
Backpapier

Pflaume mit Birne

- Backofen auf 180 °C vorheizen
- Springform gut mit Butter ausstreichen und mehlieren
- Auf einer Arbeitsfläche Mehl und Zucker zu einem kleinen Berg formen, rund herum Butterstückchen platzieren. Eine Mulde in die Mitte drücken und Milch und Eigelb hineingeben, zu einem glatten Teig verkneten
- Teigkugel in Klarsichtfolie wickeln und mind. 20 Min. in den Kühlschrank legen

- Das Fruchtpüree in einer Schüssel mit dem Ingwersirup, Vanillemark, Zucker und der Zitronenschale verrühren
- Arbeitsfläche mit Mehl bestreuen, Teigkugel aus dem Kühlschrank nehmen und etwas breiter als die Form ausrollen. Die Springform mit dem Teig auskleiden, den Rand etwa 2 cm hoch ziehen und den Teig mit einer Gabel mehrmals einstechen. Ein großes Stück Backpapier darauflegen und die Hülsenfrüchte darauf verteilen
- Den Teig 15 Min. »blind backen«, aus dem Backofen nehmen, Hülsenfrüchte entfernen und abkühlen lassen
- Die Birnen schälen, vierteln, entkernen und in dünne Spalten schneiden. Mit ein paar Tropfen Zitronensaft beträufeln
- Backofen auf 200 °C vorheizen
- Das Püree auf dem Teigboden gleichmäßig verstreichen. Die Birnenspalten fächerförmig leicht überlappend kreisförmig auf dem Püree verteilen
- Die restliche Butter schmelzen und die Birnenscheiben damit bepinseln. Zum Schluss den braunen Zucker darüberstreuen
- Etwa 25–35 Min. backen, bis die Tarte goldbraun ist

Dieses Bananenmousse lässt sich genauso mit HiPP Aprikose in Apfel auf Aprikosenscheiben zubereiten.

Bananenmousse auf Bananenscheiben

Ergibt 4 Portionen

2 Blatt Gelatine
250 g Sahne
2 TL Zucker
1 TL Bourbonvanillezucker
1 EL Rum
120 g HiPP Bio-Banane (4. Monat/190 g)
1 TL Zitronensaft
100 g Bananenscheiben (etwa
1 kleine Banane)
1 EL Puderzucker
10 g Butter

- Die Gelatineblätter in kaltem Wasser einweichen
- Die gut gekühlte Sahne mit dem Zucker und Vanillezucker steif schlagen
- In einem kleinen Topf den Rum und 1 EL Wasser erhitzen und darin die gut ausgedrückte Gelatine auflösen. In die Gelatinemasse nun das Bananenpüree und den Zitronensaft rühren
- Das Bananenpüree mit Hilfe eines Teigspatels unter die Sahne heben
- Die Mousse im Kühlschrank etwa 3 Std. gut durchkühlen lassen
- Die Banane schälen, in Scheiben schneiden und im Puderzucker wälzen
- In einer kleinen Pfanne die Butter schmelzen lassen und die Bananenscheiben goldbraun braten
- Die lauwarmen Bananenscheiben auf einem Teller anrichten, von der Mousse 4 Nocken abstechen und auf die Bananenscheiben setzen

Bio-Banane

Bratapfel mit Kaiserschmarrn

Für 2 Bratäpfel

2 TL Rosinen
2 TL Rum
1 Glas HiPP Kleine Mehlspeise Kaiserschmarrn in Apfelmus (10. Monat/200 g)
1½ gehäufte EL Quark
1–2 Msp. Vanillemark (ersatzweise ½ TL Bourbonvanillezucker)
1–2 Msp. fein geriebene Bio-Orangenschale
1 TL Orangensaft
1–2 TL Mandelstifte
1 Eigelb
1–2 Msp. Zimt
½–1 EL Zucker
2 große Äpfel (z.B. Topaz, Jonagold)
2 walnussgroße Butterstücke

- Die Rosinen etwa 2 Std. in 2 TL Rum einlegen
- Backofen auf 200 °C vorheizen
- Das Kaiserschmarrnmus mit dem Quark, Vanillemark, der Orangenschale und dem -saft, den Mandelstiften, Rosinen und dem Eigelb sorgfältig verrühren. Mit Zimt und Zucker abschmecken
- Den Deckel der Äpfel abschneiden und mit einem Teelöffel oder Melonenausstecher aushöhlen. Dabei einen Rand von etwa ½ cm stehen lassen
- Die Äpfel in eine gebutterte Form stellen und mit der Kaiserschmarrn-Masse füllen
- Den Deckel wieder aufsetzen und kreuzförmig einschneiden, jeweils ein walnussgroßes Butterstück auf den Deckel legen.
- Etwa 15–20 Min. backen
- Heiß mit etwas Puderzucker servieren

Kleine Mehlspeise Kaiserschmarrn in Apfelmus

Traditionell wird zum Bratapfel heiße Vanillesauce serviert. Ist aber mit der Kaiserschmarrn-Füllung nicht nötig.

Man kann die heißen Taschen auch mit einer Glasur aus 50 ml kochendem Wasser, ½ EL Zitronensaft, ½ TL Rum und 3 EL Puderzucker bestreichen.

Ergibt 8 Taschen

2 TL Rum
2 TL Rosinen
8 TK-Blätterteigblätter (12x12 cm)
10 g Honigmarzipan (walnussgroßes Stück)
1 Glas HiPP Kleine Mehlspeise Kaiserschmarrn in Apfelmus (10. Monat/200 g)
2 Msp. fein geriebene Bio-Zitronenschale
1 TL Zitronensaft
½ TL Bourbonvanillezucker
1 EL Zucker
1½ EL Quark
2 Eigelb
1 EL Sahne

Kleine Mehlspeise Kaiserschmarrn in Apfelmus

- Die Rosinen etwa 2 Std. in 2 TL Rum einlegen
- Backofen auf 200 °C vorheizen
- Die Teigquadrate aus dem Tiefkühlfach nehmen und nach Packungsbeilage antauen lassen
- Das Honigmarzipan in sehr kleine Stückchen schneiden und in einer Schüssel mit dem Kaiserschmarrnmus verrühren
- Die restlichen Zutaten, außer den Eigelben und der Sahne, hinzufügen und sorgfältig unterrühren
- Mit dem ersten Eigelb jedes Teigblatt rundum bestreichen
- Jeweils 1–1½ gut gefüllte EL der Füllung in die Mitte der Teigquadrate setzen und zum Dreieck überschlagen
- Die Ränder mit den Zinken einer Kuchengabel rundum zusammendrücken und gut verschließen
- Das zweite Eigelb mit der Sahne verquirlen und die obere Hälfte der Taschen damit bestreichen
- Etwa 15–20 Min. backen, der Teig sollte goldgelb sein

DRINKS, DIPS & CO.

Man kann den Punsch auch mit einem Schluck Portwein verfeinern. Und ich gebe noch gern Apfelringe oder Apfelwürfelchen in den Punsch.

Heißer Traubenpunsch

Für 4 kleine oder 2 große Punschgläser

1 Flasche HiPP 100% Bio-Saft
Rote Traube in Apfel (4. Monat/500 ml)
Saft von 1 Orange (etwa 100 ml)
Saft einer ½ Zitrone (etwa 50 ml)
1 Msp. Vanillemark, (ersatzweise
½ TL Bourbonvanillezucker)
1 Stückchen Bio-Zitronenschale (etwa 4 cm)
1 Anisstern
1 Zimtstange
2 Nelken
1 Stück Ingwer (etwa ½ cm)

- Den Trauben-, Orangen- und Zitronensaft sowie das Vanillemark und die Zitronenschale in einen Topf geben. Alle Gewürze in einen Einwegteebeutel füllen und verschließen
- Den Beutel in den Topf legen, einmal kurz aufkochen lassen und den Punsch auf kleiner Flamme 10 Min. ziehen lassen
- Vor dem Servieren das Gewürzsäckchen und die Zitronenschale entfernen

Bio-Saft Rote Traube in Apfel

Heißer Fenchel-Apfel-Drink

**Für 4 kleine Punschgläser
oder 2 große Becher**

400 ml Wasser
2 Beutel HiPP Bio-Fenchel-Tee
(1. Woche/1,5 g)
200 ml HiPP Bio-Saft Milder Apfel
(4. Monat/200 ml)
1 Stück Ingwer (etwa ½ cm)
3 cm Zimtrinde
2–3 EL Zitronensaft
1 Stück Bio-Zitronenschale (etwa 4 cm)
2 TL Honig

- 400 ml Wasser in einem Topf zum Kochen bringen, die beiden Fenchelteebeutel darin 5 Min. ziehen lassen
- Beutel entfernen und den Tee mit dem Apfelsaft sowie den anderen Gewürzen einmal aufkochen und dann 3–4 Min. ziehen lassen
- Den Honig unterrühren
- Die Gewürze durch ein Sieb abseien, das Getränk in Becher gießen und gleich trinken

Bio-Fenchel-Tee

Zu diesem
Fenchel-Apfel-Drink
schmeckt statt Honig
auch brauner Kandis
sehr fein.

Für alle Smoothies gilt, dass die HiPP-Gläser gekühlt sein sollten, am besten über Nacht. Der Rosa-Beeren-Smoothie schmeckt auch mit Kefir gut.

Rosa-Beeren-Smoothie

Bananen-Smoothie

Für 1 großes Glas

1 Glas HiPP Erdbeere mit Himbeere in Apfel
(4. Monat/190 g)
2 TL Zitronensaft
120 g Vanillejoghurt
etwa ½ TL rosa Pfefferbeeren
1 Msp. Kardamom
1–2 EL gestoßenes Eis

- Das Erdbeerpüree, den Zitronensaft und
  Joghurt in einen hohen Becher geben und
  mit dem Pürierstab kurz durchmischen
- Dann die rosa Pfefferbeeren und den Kardamom dazugeben und nochmals mixen
- Das gestoßene Eis in ein großes Glas füllen und mit dem Drink aufgießen

Bio-Banane

Für 1 großes Glas

1 Glas HiPP Bio-Banane (4. Monat/190 g)
150 ml Milch (1,5%)
5 TL kalter Espresso
1 Prise Zimt
1 Kugel Nuss-, Zimt oder Vanilleeis

- In einem hohen Becher das gekühlte
  Bananenpüree mit der Milch verrühren
- Den Espresso unterrühren und mit Zimt
  abschmecken
- Eine Eiskugel in ein großes Glas geben
  und mit dem Smoothie aufgießen

Erdbeere mit Himbeere in Apfel

113

Apfel-Smoothie

Karibik-Smoothie

Für 1 großes Glas

200 ml Buttermilch
1 Glas HiPP Bio-Apfel (4. Monat/125 g)
1 TL brauner Zucker
1 TL Limettensaft
1 Msp. geriebene Bio-Limettenschale
½ –1 TL Holunderblütensirup

- Die Buttermilch, das Apfelpüree und den Zucker in einen hohen Becher geben
- Mit dem Pürierstab kurz aufmixen und mit Limettensaft und -schale sowie dem Holunderblütensirup kräftig abschmecken
- Eisgekühlt servieren

Früchte-Salat

Für 1 großes Glas

1 Glas HiPP Früchte-Salat
(8. Monat/190 g)
Saft von einer Orange (etwa 100 ml)
50 g Vanilleeis
1 TL brauner Zucker, nach Belieben
½ TL weißer Rum oder Cointreau,
nach Belieben

Bio-Apfel

- Das Fruchtpüree, den Orangensaft und das Vanilleeis (Zucker und Alkohol nach Belieben) in einen hohen Becher geben.
- Mit dem Pürierstab kurz aufmixen, in ein großes Glas gießen und sofort servieren

Erdbeerbutter

Apfel-Bananen-Quark

Äpfel mit Bananen

Ergibt etwa 200 g

100 g weiche Butter
85 g HiPP Erdbeere mit Himbeere in Apfel
(4. Monat/190 g)
1 gestr. EL Puderzucker
1 TL Limettensaft

- In einer Schüssel die Butter mit dem Handrührgerät gut verrühren, dann das Fruchtpüree sowie den Puderzucker und Limettensaft dazugeben und gut vermengen. Die Masse in ein (HiPP-) Glas füllen und im Kühlschrank durchkühlen lassen
- Diese Butter stelle ich am liebsten in kleinen Mengen her. Sie hält sich aber auch 4–5 Tage verschlossen im Kühlschrank

Ergibt etwa 200 g

100 g Rahmquark
½ TL Zitronensaft
1 Msp. geriebene Bio-Zitronenschale
85 g HiPP Äpfel mit Bananen
(4. Monat/190 g)
1 Prise Zimt
1–2 TL Honig

- Alle Zutaten mit einem Handrührgerät gut miteinander vermengen
- Die Masse in ein (HiPP-) Glas füllen und im Kühlschrank durchkühlen lassen

Erdbeere mit Himbeere in Apfel

Sowohl die Erdbeerbutter als auch der Apfel-Bananen-Quark sind sehr schnell gemacht und schmecken frisch am besten.

Pfirsichaufstrich

Exotische Butter

Ergibt etwa 300 g

200 g halbfetter körniger Frischkäse
6 EL HiPP Pfirsich mit Apfel (4. Monat/190 g)
1 Msp. frisch geriebener Ingwer
2 Msp. mildes Currypulver
1 Prise Cayennepfeffer
1–2 Spritzer Zitronensaft

- Den Fischkäse in ein hohes Gefäß geben und mit dem Pürierstab fein pürieren, das Fruchtpüree dazugeben, verrühren und mit den Gewürzen und dem Zitronensaft pikant abschmecken
- Dieser leckere Brotaufstrich, eignet sich auch gut als Dip zu Pellkartoffeln oder zum Fondue

Pfirsich mit Apfel

Ergibt etwa 300 g

200 g weiche Butter
6 EL HiPP Früchte-Salat (8. Monat/190 g)
1 Msp. geriebener Knoblauch
1 Msp. Cayennepfeffer
6 Korianderblätter, fein gehackt
1 Msp. Curcuma
1 Msp. fein gehackte Bio-Limettenschale

- Die Butter mit dem Handrührgerät gut verrühren, dann das Fruchtpüree und die Gewürzen dazugeben und verrühren
- Die Masse in ein (HiPP-) Glas abfüllen und im Kühlschrank mind. 1 Std. durchkühlen lassen

Früchte-Salat

Diese Butter passt wunderbar zu Suppen wie der Kürbisuppe auf S. 25, aber auch zu gegrilltem Huhn, Fisch oder Maiskolben ist sie perfekt.

Zweierlei Karotten-Quark

Ergibt etwa 300 ml

1 Glas HiPP Reine Früh-Karotten
(4. Monat/125 g)
200 g Rahmquark
2 Msp. geriebener Knoblauch
2 EL Rucola, fein gehackt
Salz, Pfeffer
1–2 Spritzer Zitronensaft

- Alle Zutaten in einer Schüssel verrühren. Zum Schluss mit Salz, Pfeffer und Zitronensaft kräftig abschmecken

Ergibt etwa 300 ml

1 Glas HiPP Reine Früh-Karotten
(4. Monat/125 g)
200 g Rahmquark
2 Msp. geriebener Knoblauch
1 EL gehackte Petersilie
1 Prise Cayennepfeffer
Salz, Pfeffer
½ TL Paprikapulver edelsüß

- Alle Zutaten in einer Schüssel verrühren. Zum Schluss mit Salz, Pfeffer und Paprika pikant abschmecken

Reine Früh-Karotten

FESTLICHES SOMMERMENÜ

Schmeckt auch sehr gut als Bowle, aufgegossen mit Weißwein, frischen Pfirsichspalten, einigen Zesten Bio-Zitronenschale und vielen Eiswürfeln.

Für 4 Champagnergläser

120 g HiPP Pfirsich mit Apfel
(4. Monat/190 g), gut durchgekühlt
4 TL Zitronensaft
6 TL Pfirsichlikör
1 Flasche eiskalter Prosecco

- In einer Schüssel alle Zutaten, außer dem Prosecco, miteinander verrühren
- Das Püree auf vier langstielige Gläser verteilen und langsam mit dem Prosecco aufgießen
- Mit einem langstieligen Löffel einmal kurz umrühren

Pfirsich mit Apfel

Gratinierte Jakobsmuscheln

Ergibt 4 Portionen

8 TL HiPP Zucchini mit Kartoffeln
(4. Monat/190 g)
2 EL Parmesan, fein gerieben
2 HiPP Baby Zwieback, fein zerhackt
4 Msp. Bio-Zitronenschale
1 TL Senf
2 TL fein gehackte Petersilie
Salz, Pfeffer
2 Prisen Cayennepfeffer
einige Spritzer Zitronensaft
4 EL Olivenöl
4 walnussgroße Butterstücke
8 frische Jakobsmuscheln
4 EL Noilly Prat

- Backofen auf 250 °C vorheizen
- In einer Schüssel das Gemüsepüree mit Parmesan, Zwieback, Zitronenschale, Senf und Petersilie zur Gratinmasse verrühren und mit Salz, Pfeffer, Cayennepfeffer und Zitronensaft pikant abschmecken
- In einer beschichteten Pfanne das Öl und 2 Stückchen Butter erhitzen, bis die Butter geschmolzen ist und Blasen wirft
- Die Muscheln salzen, pfeffern und von beiden Seiten etwa 3 Min. in der Butter anbraten, mit dem Noilly Prat ablöschen; die restliche Butter hinzugeben und kurz beiseitestellen
- Jeweils 2 Jakobsmuscheln in Soufflee-förmchen (vielleicht haben Sie ja auch eine Muschelform zur Hand) geben, die Gratin-masse darauf verteilen und in etwa 5 Min. im Backofen goldbraun gratinieren
- Die Förmchen aus dem Backofen nehmen und mit dem verbliebenem Sud aus der Pfanne beträufeln. Sofort servieren

Zucchini mit Kartoffeln

Selbstgemachter Nudelteig schmeckt natürlich wunderbar, aber wenn's schnell gehen soll, nehmen Sie einfach fertigen Nudelteig aus dem Kühlregal.

Ravioli mit Schinken

Ergibt 4 Portionen

Für den Nudelteig
150 g doppelgriffiges Mehl
150 g Hartweizengrieß
1 TL Salz
2 Eier
1 EL Olivenöl

Für die Füllung
60 g HiPP Bio-Rindfleisch püriert
(4. Monat/125 g)
30 g Parmesan, fein gerieben
10 g Pastrami, sehr fein geschnitten
(ersatzweise Schinkenspeck)
20 g Ricotta
Salz, Pfeffer

Butter zum Braten
Salz, Pfeffer
frischer Parmesan, gerieben

Bio-Rindfleisch püriert

- Für den Nudelteig alle Zutaten in einer Schüssel gut miteinander vermischen, der Teig darf nicht kleben. Falls doch, noch Mehl hinzugeben. Ist der Teig zu hart, noch ein Ei dazugeben
- Der fertige Teig sollte bei Zimmertemperatur etwa 30 Min. ruhen
- Den Nudelteig auf einer bemehlten Arbeitsfläche hauchdünn (etwa 1 mm) ausrollen
- Sind Sie Besitzer einer Nudelmaschine, verwenden Sie diese zum Ausrollen der Teigbahnen
- Für die Füllung alle Zutaten in einer Schüssel mischen und mit Salz und Pfeffer kräftig abschmecken
- Mit einem runden Nudelausstecher (8 cm Durchmesser) Nudelkreise ausstechen. Für einen Ravioli immer zwei Kreise ausstechen. In die Mitte eines Kreises etwa 1½ TL Füllung platzieren
- Den zweiten Nudelkreis darüberlegen. Mit den Zinken einer Kuchengabel den Rand gut zusammendrücken. Mit etwas Mehl bestäuben
- Einen Topf mit Salzwasser zum Kochen bringen, die Ravioli hineingeben. Die Hitze wieder reduzieren und die Ravioli 3–5 Min. ziehen lassen
- Mit einer Schaumkelle die fertigen Ravioli herausnehmen, kurz auf Küchenkrepp abtropfen lassen
- In einer Pfanne Butter zerlassen, ganz leicht bräunlich werden lassen und die Ravioli darin kurz schwenken, salzen, pfeffern und anrichten
- Mit geriebenem Parmesan bestreuen

Aprikosen-Sorbet mit Sanddorn

Ergibt 4 Portionen

100 ml Wasser
50 g Zucker
1 Eiweiß
1 Glas HiPP Aprikose in Apfel
(4. Monat/190 g)
½ TL Sanddorn-Elixier, ungesüßt
1 EL Zitronensaft

- Das Wasser mit dem Zucker zum Kochen bringen und solange kochen lassen, bis sich der Zucker aufgelöst hat. Beiseitestellen und lauwarm abkühlen lassen
- Zwischenzeitlich das Eiweiß steif schlagen
- In einer Schüssel das Früchtepüree mit dem lauwarmen Zuckersirup verrühren und mit Sanddorn-Elixier sowie Zitronensaft abschmecken
- Den Eischnee langsam und sorgfältig mit einem Schneebesen unter die Fruchtmasse heben
- Die Sorbetmasse entweder in der Eismaschine frieren oder in ein für das Tiefkühlfach geeignetes Gefäß füllen
- Etwa 8 Std. frieren lassen, in den ersten 3 Std. stündlich einmal kräftig umrühren, damit sich der Eischnee und die Fruchtmasse gut verbinden
- Mit einem Löffel 4 Nocken abstechen und gut gekühlt servieren

Aprikose in Apfel

Gefüllte Hühnerschenkel

Ergibt 4 Portionen

2 EL getrocknete Mischpilze
4 Scheiben HiPP Baby Zwieback
20 g Parmesan, gerieben
2 Gläschen HiPP Bio-Hühnchenfleisch püriert
(4. Monat/125 g)
2 Eigelb
2 TL Senf
2 TL gehackte Petersilie
4–5 Msp. Rosmarinpulver
4–5 Msp. Thymianpulver
2–3 Prisen Muskat
Salz, weißer Pfeffer
4 Hühnerschenkel
1 Knoblauchzehe, geschält
2 walnussgroße Butterstücke

- Die Pilze kurz abbrausen und in einer Schüssel mit Wasser für etwa 30 Min. einweichen
- Den Zwieback fein zerbröseln
- Backofen auf 200 °C vorheizen
- Die Pilze fein hacken und in einer Schüssel mit dem Parmesan, dem Hühnchenpüree, Eigelb, Senf und den Zwiebackbröseln vermischen und mit den Gewürzen kräftig abschmecken
- Die Geflügelmasse in einen Gefrierbeutel füllen und eine kleine Ecke abschneiden
- Mit der Rückseite einer Gabel die Hühnerhaut vom Bein lösen und die Geflügelmasse unter die Haut des Hühnchenbeins spritzen und gleichmäßig verteilen
- Die Hühnerschenkel in einer Pfanne von allen Seiten anbraten und im Backofen in etwa 15 Min. in einer mit Knoblauch ausgeriebenen, gebutterten Form fertig garen

Bio-Hühnchenfleisch püriert

Diese Masse lässt sich auch als eine Art Rösti zubereiten. Einfach in eine Pfanne geben und von beiden Seiten goldbraun anbraten.

Cremiges Birneneis

Ergibt 4 Portionen

2 Eigelb
40 g Zucker
½ TL Bourbonvanillezucker
oder 1 Msp. frisches Vanillemark
1 Glas HiPP Williams-Christ-Birnen
(4. Monat/190 g)
80 ml Milch (1,5%)
120 g Sahne
2 EL Williams-Christ-Birne-Obstbrand,
nach Belieben

Williams-Christ-Birnen

- In einer Schüssel die Eigelb mit dem Zucker und Vanillezucker hellgelb und dicklich aufschlagen, bis sich die Masse etwa verdoppelt hat
- Milch und Sahne in einem Topf langsam auf mittlerer Stufe erhitzen. Nicht kochen!
- Die lauwarme Milch-Sahne-Mischung mit einem Schneebesen unter die Eimasse rühren
- Alles wieder zurück in den Topf geben und auf kleiner Stufe 3–4 Min. dicklich einkochen lassen, dabei immer wieder umrühren
- Abkühlen lassen, dann das Birnenpüree unter die lauwarme Masse rühren und den Obstler, wenn gewünscht, hinzugeben und gut verrühren

- Die Masse in eine passende Form füllen und für etwa 90 Min. ins Tiefkühlfach stellen
- Aus dem Kühlfach nehmen und mit einem Löffel gut durchrühren
- Danach weitere 2½ Std. ins Tiefkühlfach stellen
- Vor dem Servieren das Eis bei Zimmertemperatur etwas antauen lassen, dann schmeckt es noch aromatischer und cremiger

Das Birnenpüree kann natürlich auch durch Apfel-, Pfirsich- oder andere HiPP Früchtepürees ersetzt werden.

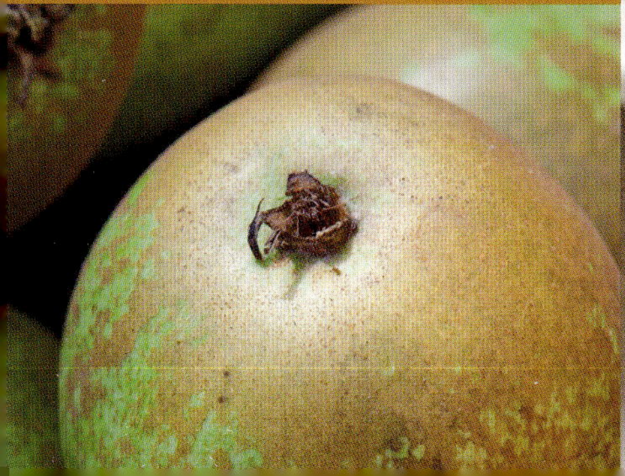

FESTLICHES WINTERMENÜ

Cidre mit Birne

Für 4 Aperitif-Gläser

1 Glas HiPP Bio-Birne (4. Monat/125 g),
gut durchgekühlt
4 TL weißer Portwein
4 TL Zitronensaft
1 TL Puderzucker
1 Flasche eiskalter Cidre (herb)

- In einer Schüssel alle Zutaten, außer dem
  Cidre, miteinander verrühren
- Das Püree auf vier langstielige Gläser verteilen und langsam mit dem Cidre
  aufgießen
- Mit einem langstieligen Löffel einmal kurz
  umrühren

Bio-Birne

Frühlingsrollen
mit Lachs

Ergibt 8 kleine Rollen

Für die Frühlingsrollen
8 Blätter TK-Frühlingsrollenteig
1 Becher HiPP Gemüsereis mit feinem Lachs
(12. Monat/220 g)
1 TL Dijon Senf
1 TL Zitronensaft
1 TL Dill, fein gehackt
Salz, weißer Pfeffer
100 g geräucherter Lachs
1–2 Msp. fein geriebene Bio-Zitronenschale
1 Eiweiß, verquirlt
etwa 200 ml neutrales Öl

Gemüsereis mit feinem Lachs

- Für die Frühlingsrollen den Teig auftauen lassen und mit einem feuchten Tuch abdecken, damit er nicht austrocknet
- In einer Schüssel den Gemüsereis mit Senf, Zitrone, Dill, Salz und Pfeffer pikant abschmecken
- Den geräucherten Lachs in 8 Streifen schneiden
- Ein Frühlingsrollenblatt auf ein bemehltes Brett legen und einen Lachsstreifen quer über die untere Hälfte legen, 3–4 TL des Lachspürees dazugeben und nun den unteren Teigzipfel über die Masse falten, dann den Teig rechts und links einschlagen und aufrollen
- Das oberste Ende innen mit etwas Eiklar bestreichen und verschließen. Bis die Röllchen frittiert werden, mit angefeuchtetem Küchentuch abdecken
- In einem kleinen hohen Topf das Öl erhitzen. Wenn man die Rückseite eines Kochlöffels in den Topf steckt und kleine Bläschen daran aufsteigen, ist das Fett heiß
- Jetzt immer 2 Röllchen auf einmal in den Topf einlegen und beidseitig goldgelb backen. Mit einem Schaumlöffel herausheben und auf Küchenpapier abtropfen lassen

Ist eine feine Vorspeise, aber ebenso lecker als Fingerfood. Besonders gut mit einer selbstgemachten Mayonnaise als Dip.

Nudelteig schmeckt selbstgemacht köstlich, aber wenn's schnell gehen soll, nehmen Sie einfach fertigen Nudelteig aus dem Kühlregal.

Ravioli mit roter Beete

Karotten mit Mais

Ergibt 4 Portionen

Für den Nudelteig
150 g doppelgriffiges Mehl
150 g Hartweizengrieß
1 TL Salz
2 Eier
1 EL Olivenöl

Für die Füllung
60 g HiPP Gute Nacht Karotten mit Mais
(4. Monat/190 g)
30 g Ziegenfrischkäse
½–1 TL Dijon Senf
30 g rote Beete (vorgegart), in sehr kleine
Stücke gehackt
Salz, Pfeffer
1–2 Spritzer Zitronensaft

Butter zum Braten
Salz, Pfeffer
frischer Parmesan, gerieben

- Für den Nudelteig alle Zutaten in einer Schüssel gut miteinander vermischen, der Teig darf nicht kleben. Falls doch, noch Mehl hinzugeben. Ist der Teig zu hart, noch ein Ei dazugeben
- Der fertige Teig sollte bei Zimmertemperatur etwa 30 Min. ruhen
- Den Nudelteig auf einer bemehlten Arbeitsfläche hauchdünn (etwa 1mm) ausrollen
- Sind Sie Besitzer einer Nudelmaschine, verwenden Sie diese zum Ausrollen der Teigbahnen
- Für die Füllung alle Zutaten in einer Schüssel mischen und mit Salz, Pfeffer, Zitrone kräftig abschmecken
- Mit einem runden Nudelausstecher (8 cm Durchmesser) Nudelkreise ausstechen. Für einen Ravioli immer zwei Kreise ausstechen. In die Mitte eines Kreises etwa 1½ TL Füllung platzieren
- Den zweiten Nudelkreis darüberlegen. Mit den Zinken einer Kuchengabel den Rand gut zusammendrücken. Mit etwas Mehl bestäuben
- Einen Topf mit Salzwasser zum Kochen bringen, die Ravioli hineingeben. Die Hitze wieder reduzieren und die Ravioli 3–5 Min. ziehen lassen
- Mit einer Schaumkelle die fertigen Ravioli herausnehmen, kurz auf Küchenpapier abtropfen lassen
- In einer Pfanne Butter zerlassen, ganz leicht bräunlich werden lassen und die Ravioli darin kurz schwenken, salzen, pfeffern und anrichten
- Mit geriebenem Parmesan bestreuen

Apfel-Sorbet mit Passionsfrucht

Ergibt 4 Portionen

1 Blatt Gelatine
100 ml Wasser
50 g Zucker
1 Eiweiß
1–2 Passionsfrüchte (etwa 20 g)
1 Glas HiPP Bio-Apfel (4. Monat/125 g)
1 EL Zitronensaft

- In einer Schüssel die Gelatine in kaltem Wasser einweichen
- 100 ml Wasser mit 50 g Zucker zum Kochen bringen und so lange kochen lassen, bis sich der Zucker aufgelöst hat. 50 ml des warmen Zuckersirups abmessen und darin die ausgedrückte Gelatine auflösen
- Zwischenzeitlich das Eiweiß steif schlagen
- Die Passionsfrüchte aufschneiden und durch ein kleines Sieb streichen. Nur den Saft verwenden
- Das Apfelpüree mit dem Saft der Passionsfrucht, dem Zitronensaft und dem Zuckersirup gut mischen, dann die Masse mit einem Schneebesen sorgfältig und langsam unter den Eischnee heben
- Die Sorbetmasse entweder in einer Eismaschine frieren oder in ein für das Tiefkühlfach geeignetes Gefäß füllen
- Etwa 8 Std. frieren lassen, in den ersten 3 Std. stündlich einmal kräftig umrühren, damit sich der Eischnee und die Fruchtmasse gut verbinden
- Mit einem Löffel 4 Nocken abstechen und gut gekühlt servieren

Bio-Apfel

Besonders festlich sieht es aus, wenn man das Sorbet mit einem Karamell-Herz und einem Karamell-Netz dekoriert.

Entenragout mit Tagliatelle

Ergibt 4 Portionen

2 Barberieentenbrüste
(ohne Haut, etwa 550 g)
1 kleine Zwiebel, grob gewürfelt
1 Knoblauchzehe, halbiert
1 EL Öl
150 ml Rotwein (z.B. Merlot)
350 ml Enten- oder Geflügelbrühe
1 Lorbeerblatt
2 Thymianzweige (mit mehreren Ästchen)
200 g Tagliatelle
1 Glas HiPP Tomaten-Cremesuppe
(8. Monat/200 g)
2 Msp. fein geriebene Bio-Orangenschale
1 TL Orangensaft
Salz, Pfeffer
100 g Parmesanspäne
1–2 EL gehackte Petersilie

- Die Haut von den Entenbrüsten abziehen, die Entenbrüste von etwaigen Sehnen befreien und in sehr kleine Würfel schneiden (etwa ½ cm)
- Die Zwiebel- und Knoblauchwürfel im Öl glasig anbraten, danach die Entenwürfel dazugeben und weiterbraten
- Mit dem Rotwein ablöschen und für etwa 4 Min. einkochen lassen
- Die Brühe angießen und das Lorbeerblatt und den Thymian hinzufügen, etwa 20 Min. köcheln lassen. Dann die Zwiebelstückchen, den Thymianzweig und das Lorbeerblatt entfernen
- Die Tagliatelle nach Packungsanweisung kochen
- Nun das Tomatenpüree, Orangenschale und -saft unterrühren und nochmals etwa 5 Min. köcheln lassen
- Vor dem Servieren kräftig mit Salz und Pfeffer abschmecken
- Die Nudeln auf Tellern anrichten, das Entenragout daraufgeben und mit Parmesan und Petersilie bestreuen

Tomaten-Cremesuppe

Ich find's auch fein mit Butterreis, hier können die Entenstücke ruhig größer sein, etwa 1½ cm. Lässt sich hervorragend vorbereiten, denn es schmeckt auch aufgewärmt wunderbar.

Schokoladenmousse mit Lebkuchen

Ergibt 4 Portionen

50 g Lebkuchen natur ohne Glasur
und Oblate
3 EL Milch
1 Glas HiPP Grießbrei Schoko
(6. Monat/190 g)
1 TL Vanillezucker
1 TL Zucker, nach Belieben
1 Blatt Gelatine
2 EL Orangensaft
3 EL Sahne
½–1 TL Rum
10 g Bitterschokolade (70% Kakaoanteil),
gehackt

Grießbrei Schoko

- Den Lebkuchen in kleine Stückchen brechen und in eine Schale legen. Mit der Milch übergießen und mind. 20 Min. durchziehen lassen
- Den Schokogrießbrei in eine Schüssel geben und den Zucker und Vanillezucker unterrühren
- Das Blatt Gelatine in kaltem Wasser einweichen, gut ausdrücken und in einem kleinen Topf in 2 EL Orangensaft auflösen, und dann 1 EL Sahne unter die flüssige Gelatine rühren
- Zuerst die Gelatine-Mischung und dann die Lebkuchenstückchen sorgfältig unter die Schokobreimasse rühren, ebenso die restliche Sahne, den Rum und die Schokoladenstückchen
- Die Schokoladenmasse in Dessertschalen oder Espressotässchen füllen. Mit Klarsichtfolie abgedeckt für etwa 3 Std. kaltstellen

Dazu passen filetierte Orangenscheiben. Außerdem können Sie nach Belieben getrocknete Pflaumen, Kirschen oder Nüsse unter die Masse mischen.

Anna Hipps schnelle Rezepte

Bei uns zu Hause wurde viel über Essen gesprochen.
Mein Vater, der aus dem Handwerksbetrieb eine
große Firma machte, war gelernter
Lebzelter und Konditor. Er war voller Phantasie und
recht experimentierfreudig. Und meine Mutter,
die Schweizerin war, kam aus einer Familie, in der die
Kunst des Kochens hoch geschätzt wurde.

In meiner Kindheit, die durch die Kriegs- und Nach-
kriegszeit geprägt war, gab es kein reichhaltiges
Angebot an Lebensmitteln so wie heute. Stattdessen
war es selbstverständlich, dass in unserem Haushalt mit
den sieben Kindern sowie einigen Angestellten mit
eben den Rohstoffen gekocht wurde, die es
auch in der Firma gab.

Meine Mutter, die sehr findig und praktisch denkend
war, entwickelte schon damals für uns eine Reihe
von Rezepten unter Verwendung unserer
Produkte. Später hat dann meine Schwester Anna diese
Idee weiterentwickelt und die Rezepte der Öffentlich-
keit zugänglich gemacht. Dafür bin ich ihr sehr
dankbar, denn ich habe ja schon bei meinen Kindern
erlebt, wie gut diese Rezepte angenommen wurden, und
freue mich, dass sie bis heute zum Speiseplan gehören.

Claus Hipp

Drinks

Vitamin Drink

1 Fläschchen Bio-Saft Banane-Apfel
(4. Monat/200 ml)
1 Trinkjoghurt natur (100 ml)
1 Banane

Alle Zutaten in den Mixer geben. Fertig!

Tipp: Natürlich kann die Banane durch anderes Obst ersetzt werden

. . . .

Vitamin Milch-Shake

1 Fläschchen Frucht plus Pfirsich-Banane
(6. Monat/500 ml)
500 ml Milch
1 Banane
4 Kugeln Vanilleeis

Alle Zutaten in den Mixer geben. Fertig!

. . . .

**Mehr Rezepte finden
Sie hier:
www.hipp.de/rezepte**

Zwischenmahlzeiten

Brotaufstrich

1 Glas HiPP Bio-Rindfleisch püriert
(4. Monat/125 g)
1 Becher Kräuter Crème fraîche
Salz
1 EL frische oder tiefgekühlte Kräuter

Kräuter klein hacken und mit den anderen Zutaten sorgfältig vermengen. Fertig!

Tipp: Dieser Brotaufstrich schmeckt auch köstlich zu Pellkartoffeln, als Pfannkuchenfül-lung oder zu Tomaten

. . . .

Anna Hipps Karottensalat

3 gehäufte TL Mayonnaise
1 Becher Naturjoghurt
1 Glas HiPP Früchte-Salat (8. Monat/190 g)
1 EL Zitronensaft
1 Prise Salz
2 EL gehackte Petersilie
6 mittelgroße Karotten, gerieben

Die Zutaten gut miteinander vermengen und mind. 1 Std. durchziehen lassen. Fertig!

Tipp: Diese Sauce passt auch zu anderen Rohkostsalaten

. . . .

Blitz-Kindertoast

1 Glas HiPP Früchte-Salat (8. Monat/190 g)
100 g Emmentaler oder Raclette, gerieben
6 Scheiben Schinken, klein gewürfelt
6 Scheiben Toastbrot

Backofen auf 180 °C vorheizen.
Den Früchtesalat mit Käse und Schinken vermischen, die Toastscheiben auf einem Backblech anrichten und je 1 gehäuften EL der Mischung darauf verstreichen und backen, bis der Käse bräunlich wird. Fertig!

· ·

Schokotraum

1 Becher Sahne (200 g)
1 gehäufter EL Puderzucker
2 Gläschen HiPP Grießbrei Schoko
(6. Monat/190 g)

Sahne mit dem Puderzucker steif schlagen, Schokogrießbrei locker unterrühren, damit sich eine Marmorierung ergibt. In Portionsgläser füllen. Fertig!

Tipp: Für die kalte Jahreszeit mit Zimt oder Lebkuchengewürzen verfeinern

· ·

HiPP-Hopp-Müsli

1 Glas HiPP Apfel-Bananen-Müsli
(8. Monat/190 g)
1 Becher Naturjoghurt
1 Becher Sahne (200 g)
2 EL Zucker, nach Belieben

1 gestrichener TL Zimt
1 großer Apfel, gerieben

Alle Zutaten mischen. Fertig!

· ·

Grundrezept Früchtequark

1 Glas HiPP Banane und Pfirsich in Apfel
(4. Monat/190 g)
250 g Rahmquark
1 EL Zucker
Zimt oder Vanillezucker, nach Belieben
frisches Obst, nach Belieben

Alle Zutaten gut miteinander vermengen. Fertig!

Tipp: Nach diesem Grundrezept können Sie aus allen HiPP Früchteprodukten leckere Quarkspeisen zubereiten

· ·

Grundrezept Schnellsuppe

¼ l Fleisch- oder Gemüsebrühe
1 Glas HiPP Karotten mit Kartoffeln und Bio-Rind (4. Monat/190 g)
2 EL saure Sahne

Brühe mit dem Rindfleischpüree erhitzen, saure Sahne unterrühren. Fertig!

Tipp: Nach diesem Grundrezept können Sie aus allen HiPP Gemüsen und Baby-Menüs köstliche Suppen zubereiten

· ·

Alphabetisches Register

Mehr Infos zu den
HiPP-Produkten finden
Sie hier:
www.hipp.de

HiPP Produkt-Register